现代企业运营管理及其
数字化转型研究

余冠芳　著

吉林出版集团股份有限公司

图书在版编目（CIP）数据

现代企业运营管理及其数字化转型研究 / 余冠芳著
. — 长春：吉林出版集团股份有限公司, 2024.3
ISBN 978-7-5731-4702-8

Ⅰ. ①现… Ⅱ. ①余… Ⅲ. ①企业经营管理 Ⅳ.
①F272.3

中国国家版本馆 CIP 数据核字 (2024) 第 059617 号

现代企业运营管理及其数字化转型研究

著　者	余冠芳	
责任编辑	赵利娟	
封面设计	牧野春晖	
开　本	710mm×1000mm　1/16	
字　数	153 千	
印　张	9	
版　次	2024 年 3 月第 1 版	
印　次	2024 年 3 月第 1 次印刷	

出版发行　吉林出版集团股份有限公司
电　话　总编办：010-63109269
　　　　　发行部：010-63109269
印　刷　三河市悦鑫印务有限公司

ISBN 978-7-5731-4702-8　　　　　　　定价：78.00 元

前　言

随着数字技术的发展，人类社会迎来了数字时代。基于工业时代发展而来的企业管理理论与方法正受到极大的挑战，向数字化转型成为企业寻求发展更好的方式，其原因包括两个方面：一方面，在大数据、人工智能和云计算等数字技术支持下，大部分企业实现了数字信息一体化，节省了公司的运营成本，企业管理和工作效率显著提高，为企业实现长远发展提供了有力的保障。另一方面，企业的数字化转型，意味着数字化理念的树立与数字化系统的建立，有助于企业更好地协调供需平衡，加强企业内外之间的沟通互联。

现代企业运营管理及其数字化转型的研究，旨在建立数字时代企业管理学的新理论体系，形成一整套基于中国国情的数字化转型与管理的基本理论与方法。这不仅是面向数字时代管理学前沿研究的重大理论课题，也是支撑我国数字经济发展战略需求的重大实践课题。数字技术发展和应用已经渗透到经济社会的方方面面，为了顺应并创造数字时代的发展机会，适应我国数字经济与实体经济深度融合的发展战略需求，需要建立一套数字时代的企业管理学的新理论与方法体系。为此，结合学术研究的发展前沿，本书在科学界定相关概念的基础上，对相关领域的发展实践和学术研究进行了综合性的概述。

本书共分五章对研究主题进行分析，第一章：企业运营管理概述。第二章：企业运营的战略及其选择评估。第三章：企业运营支撑体系管理研究。第四章：数字化企业管理。第五章：企业财务管理的数字化转型。

本书在写作过程中参考了众多专家学者的研究成果，在此表示诚挚的感谢。由于时间和精力的限制，本书内容可能存在疏漏之处，恳请广大读者予以批评指正！

余冠芳

2023 年 8 月

目 录

第一章　企业运营管理概述

对于企业来说，其最终目的是取得收益。企业通过宣传来扩大市场占有率是远远不够的，想要得到更多的利润，就必须根据自身的实际情况实现良好的运营，以实现其最终的目的。在这一过程中，对企业进行运营管理是极为必要的。

第一节　企业运营管理的概念和主要内容

一、企业运营管理的概念

运营管理是促成组织成功或失败的根本。在当前市场经济条件下，由于顾客的需求和愿望在不断地增加，运营在社会经济生活中所扮演的角色越来越重要。从某种程度上来说，运营对任何组织来说具有核心意义上的重要性，因为运营将组织所做的和顾客想要的联结在一起。因此，运营就是组织为社会提供商品或服务的过程，这个过程将组织的业务和顾客的需求联结在一起。

对于所有的企业来说，其都具有运营的职能。人们对于运营有着不同的理解。一种观点认为，运营是关注原材料的获得、产品的转化和把这些产品提供给顾客的过程。另一种观点认为，运营就是企业所做的事。实际上，运营贯穿企业运行的始终。运营在不同的组织中以不同的方式发生。因此，运营是将组织的业务活动及其成果与顾客的需求联结在一起的过程。运营既包含有形产品的转换过程，也包含无形产品的转换过程。

在组织内部，人们通常会把运营管理职能部门的职责定义为：生产本组织的产品，并提供给内部或外部的顾客或用户。因此，运营管理是对组织向社会提供产品或服务整个流程的计划、设计、组织和控制。运营管理给我们提供了一个认识运营的途径，那就是它可以帮助我们在一个有序的氛围中设计、管理、推进组织运营。运营管理者或者运营经理就是负责设计、管理和改进组织工作过程的人。运营系统是企业系统的重要组成部分，具有重要的地位。企业通过对生产要素的投入，经过一个或多个转换过程（如储存、运输、加工等）可获得产品或服务，实现其价值的增值。

随着科学技术和社会分工的发展及人们对客观事物认识的深化，运营管理在理论、范围、实践等方面都得以不断地延伸、拓宽和发展。

运营活动是在一定的生产（或服务）系统中进行的，生产（或服务）系统的设计对企业运营管理起着至关重要的作用，企业运营的许多参数都是由生产（或服务）系统设计决定的，如生产能力、单位产品成本、生产空间和产品（或服务）质量等。

二、企业运营管理的主要内容

根据研究与管理角度的不同，企业运营管理的主要内容也是不同的。生产是人类最基本的活动，是人类生存发展的基础。人类早期的管理，就是对生产活动的管理。

生产的概念是随着生产力水平的提高、经济的发展、技术的进步、社会分工的日益细化而不断延伸和扩展的。早期，当人类以自然界作为基本财富资源进行生产时，就形成了"有形产品"的生产概念；随着工业化更侧重于工厂意义上的生产制造，生产概念逐渐包含了人们对教育、医疗、保险、理财和娱乐等服务的需求，使得原来附属于生产的一些服务相继分离、独立出来，形成了流通、零售、金融和房地产等"无形服务"。在这种情况下，为了研究和叙述方便，通常把有形产品的形成过程称为"生产或制造"，把提供服务的过程称为"运作"，把有形产品的生产和无形服务的运作统称为"企业生产运营"，简称"运作"或"运营"。

根据企业运营管理内容的不同，可以将其分为广义运营管理和狭义运营管理两个不同的概念。

1. 广义运营管理。广义运营管理是指针对企业生产活动的全过程进行综合性的、系统性的管理，也就是以企业整个生产系统作为对象的管理。广义运营管理还包括服务型企业的运营管理。广义的运营管理涉及企业生产的产品或者服务系统的设计、运作、评价和改进的各项管理工作，是对企业系统进行全面管理和优化的过程。通过有效的运营管理，企业可以不断提高生产效率和产品质量，提升企业的竞争力和市场地位。

2. 狭义运营管理。狭义运营管理是指以产品的生产过程为对象的管理，即对企业的原材料投入、加工工艺及产品完工的具体过程的管理；而且仅限于制造企业管理，特别是机械加工制造企业的生产管理。狭义运营管理的基本内容只是广义运营管理的一部分，对企业运营管理的研究，多数是从狭义的角度展开的。

（一）企业周期系统管理下的运营阶段

在企业周期系统管理下，不同的运营阶段对企业管理的重点和方法有不同的影响。因此，企业需要针对不同的阶段采取适当的管理策略和方法，以实现企业的长期稳定发展。从企业周期系统管理的角度来看，企业运营管理的基本内容是按照实施的顺序依次展开的，分别为生产运营系统的设计、运行和改进，如图1-1所示。

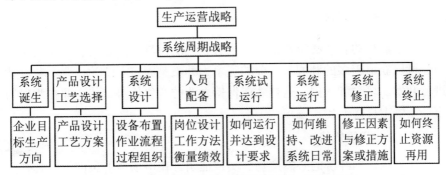

图1-1 企业系统周期阶段及相关决策与内容示意图

（二）企业周期系统管理下的运营管理

从企业周期系统管理的角度来看，企业运营管理的内容见表1-1。

表1-1 企业运营管理的基本内容

运营管理的基本内容	主要特征	主要管理内容
运营系统的设计	一次性或少数几次活动	产品或服务的设计，生产方式、生产设备与技术的选择，职务与工作设计，厂址选择，厂区与设备的平面布置，编制定员等
运营系统的运行	日常的活动	年度与进度计划，生产作业计划，生产进度控制，全面质量管理，库存控制及成本控制，等等
运营系统的改进	适时选做的活动	对运营系统做出的相应调整，如企业资源计划、业务流程再造等

不同国家和地区、不同行业，不同企业、相同企业的不同时期，企业运营管理的基本内容有所不同，要根据具体情况加以分析界定。

第二节 企业运营管理的目标和作用

企业运营管理目标是由增强竞争力、提高生产率和实现战略目标三部分构成，它是企业目标系统的子系统。生产率与企业资源的有效利用有关，竞争力关系到一个企业与同类企业在市场上的竞争优势度，影响企业的整体发展规划。通过运营管理，企业可以实现良好的运营，提高市场占有率，增加收益。

一、企业运营管理的目标

（一）竞争力目标

一个成功的企业必定在市场中占有较大的份额，并且具有较强的竞争力，可以获取较多的利润。企业的竞争力并不是固定不变的，要不断对其进行开发、培养和巩固，这样才能保持企业的竞争优势，使企业在激烈的市场竞争中长盛不衰。

1. 企业竞争优势

竞争是市场经济的必然产物。实践证明，在市场经济条件下，具有竞争优势的企业才能在激烈的竞争中生存和发展。企业的竞争优势，就是指企业在与同行业企业的竞争中所表现出的相对于竞争对手的一种优势。依靠这种优势，该企业可以获得超过该行业正常收益率的回报。

企业之间的竞争优势表现在许多方面，其中主要表现在质量、价格、品种或劳务差异、柔性竞争等。

（1）质量竞争。当前在市场经济条件下，企业间的竞争更多地体现在产品或服务质量的竞争上。质量分为两类：产品质量和过程质量。

第一，产品质量。产品质量与材料、工艺及设计密切相关，产品质量关系到购买者对产品和劳务的满意度。产品质量是企业的生命，也是国民经济能否持续发展的关键。特别是在高科技时代，产品质量的优劣已不是传统概念上的物美价廉、经久耐用，而是要求产品具有较高的科技含量，包括产品的原材料、生产工艺、检测手段，都应该是高新技术的产物，从而增加产品的科学性、安全性及使用上的自动化和智能化程度。这样的产品在高科技时代才具有竞争力。

第二，过程质量。过程指的是把输入转化为输出的一组互相关联的资源和活动。其中，"资源"主要包括人员、资金、装置、设施、技术和方法等要素。过程质量管理就是要把影响产品质量的各环节、各因素全部控制起来，以提高产品或服务质量的可靠性，生产没有缺陷的产品或提供高质量的服务。服务过程质量管理如图1-2所示。

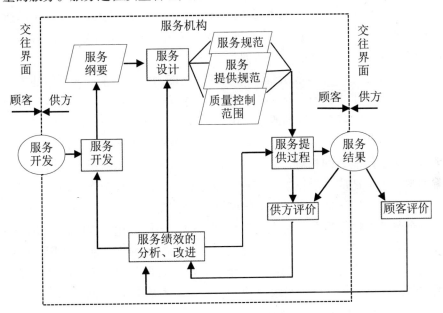

图1-2　服务过程质量控制图

（2）价格竞争。价格是商品价值的货币表现。企业之间会利用降价展开激烈的竞争。在许多因素相同的条件下，消费者通常会选择价格较低的商品。价格竞争的结果，短期内可能会造成企业利润的下降，但从长远分析，企业要在激烈的竞争中求生存和发展，必然会想方设法降低产品或劳务的成本，从而推动技术进步和管理水平的提高。价格竞争也会导致企业之间的优胜劣汰，这种竞争淘汰对社会资源的优化配置是极其有利的。价格竞争是市场经济下最基本的竞争形式，其他竞争形式在某种程度上都是价格竞争的延续。

（3）差异性竞争。产品或劳务的差别是指设计一系列有意义的差别，包括设计、成本、质量、便捷性、保障度等，使本公司的产品处于与竞争者产品或服务相区别的状态，从而使本企业产品或劳务处于一种不完全被替代状态。一般来说，产品或服务的不完全替代性越高，意味着产品或服务差别越大，产品或服务间的竞争激烈程度越强，反之亦然。一个企业应该努力寻找和创造与竞争者相区别的产品或服务以获得竞争优势。

（4）速度竞争。现代企业面临着不可预测和不断变化的市场，面对市场的激烈竞争，企业只有快速适应市场需求的变化，才能在竞争中取胜。美国经济学家小艾尔弗雷德·钱德勒很早就注意到"时间"在竞争中的重要作用，他认为，现代化的大量生产与现代化的大量分配以及现代化的运输和通信一样，其经济性主要来自速度而非规模。[①]速度涉及多方面的内容，包括快速决策、快速销售、快速创新、快速反馈等。

（5）柔性竞争。柔性是指对市场的应变能力。一个企业或部门的柔性越强，其相对于不具有柔性的企业来说就越具有竞争优势。应变包括产量的增减、产品或劳务设计的改变。进入 21 世纪，企业经营环境已经发生了根本性的变化。竞争的全球化，顾客和市场需求的多样化、个性化，以及某些行业生产能力的相对过剩，使得产品寿命周期日趋缩短，价格竞争日益加剧。为了适应残酷竞争的需要，企业必须寻求一种全新的理念和经营方式，柔性管理就是在这一需求的前提下产生的。

企业"柔性管理"与传统的泰罗制管理强调规范化、程序化、步调一致不同，它讲求管理软化，以管理的柔性化激发人的主观能动作用，以适应现代市场"刚性竞争"的需要。企业"柔性管理"包括柔性战略管理、柔性营销管理、柔性生产与组织管理、柔性人才及工作时间管理等。

2. 培育企业的核心竞争力

价值增值和模仿难度是度量核心竞争力的两个重要尺度。价值增值说明核心竞争力服从于企业的核心目标——利润，但获取价值增值有多种途径，只有辅之以模仿难度指标，才能从真正意义上体现出企业核心竞争力的强弱。培育企业核心竞争力有一个不断认识、开发、维持与创新的过程。

（1）合理定位。培育企业核心竞争力首先必须对自身有一个正确的认识。"知己知彼，百战不殆。"[②]只有对外部环境、内部条件、竞争对手及自身的优劣有一个清楚的认识，才能对企业的核心竞争力做出合理的定位。对本企业的核心竞争力做出一个合理定位，这是培育核心竞争力的前提条件。

---

① 小艾尔弗雷德·D. 钱德勒. 看得见的手：美国企业的管理革命[M]. 北京：商务印书馆，1987.

② 出自《孙子兵法·谋攻》。

（2）积极开发。企业的核心竞争力并不是无意识的客观存在。从企业核心竞争力的概念中可以了解，它不仅包括物质要素，还包括精神要素；它不仅具有有形的刚性，还具有无形的柔性。企业核心竞争力需要人们有意识地去认识、开发才能获得，其中开发企业的核心竞争力需要进行制度创新、技术创新和文化创新。

第一，制度创新。制度创新是开发核心竞争力的保证。我国某些国有企业之所以存在活力不足和竞争力不强的情况，在很大程度上受到企业制度的束缚和制约，特别是产权不明晰、出资人不到位、法人治理结构不健全、组织和管理不对称等，使得企业无力或无暇顾及和增强自身的核心竞争力。因此，国有企业必须按照"产权清晰、权责明确、政企分开、管理科学"的现代企业制度要求，改造和改革现有的企业制度，使之更科学、更合理、更规范、更现代化，为核心竞争力的培育和提升提供制度保证。

第二，技术创新。技术创新是开发核心竞争力的关键。现代企业制度体现的是企业资源配置的高效性，而这种高效率能否充分发挥，主要依靠核心技术和技术创新。一个企业要形成和提升自己的核心竞争力，必须有自己的核心技术。企业在打造核心竞争力的过程中，必须清楚地了解自己的核心技术是什么。

第三，文化创新。文化创新是开发核心竞争力的基础。企业文化所涉及的领域和影响的范围无不与企业核心竞争力密切相关。企业文化创新就是要围绕新技术革命的挑战和经济全球化、信息化的机遇，用新的价值观、新的视野来谋划和构建新的企业文化，使企业真正成为学习型组织和创造型组织，为培育和提升核心竞争力提供全方位服务。

（二）生产率目标

生产率是对一个国家、行业或企业单位使用资源（或生产要素）效率的一种常用衡量标准。企业在生产产品和提供服务时需要使用如劳动力等许多生产要素。

生产率表示每单位生产要素能够生产或提供实物产品或服务商品的数量。计算劳动力、设备、能源、原材料四项生产要素的加权平均数可以得到综合生产要素，每单位综合生产要素生产数量的指标称为全要素生产率（Total Factor Productivity，TFP）。

如果与其他国家或企业相比 TFP 水平比较高，则意味着生产同样数量的实物商品或服务投入的资源较少。达到这样的目的需要依靠先进生产技术的开发以及高附加价值产品和服务的开发。可以说，生产率水平与技术革新具有十分密切的关系。生产率的定义可以用简要的公式表述为：

$$生产率=\frac{产出}{投入}$$

生产率指标的计算既适用于作业单位、企业等微观单位的核算，也适用于行业、国家等宏观经济单位的核算。对企业来讲，生产率直接关系到一个企业的竞争力；对一个国家来讲，生产率水平与人们的生活水平休戚相关。

1. 生产率度量类型

生产率可以分别按单一要素投入、两种以上要素投入或全部要素投入来度量。与此对应，有三种类型生产率度量法：单要素生产率、多要素生产率、全要素生产率（见表1-2）。

表1-2 不同类型生产率度量法

度量法类型	举 例
单要素生产率度量法	产出／劳动、产出／设备、产出／资本、产出／能源
多要素生产率度量法	产出／（劳动＋设备）、产出／（劳动＋资本＋能源）
全要素生产率度量法	生产的商品或劳务／生产过程中的全部投入

单要素生产率是指，每单位某种生产要素能够生产或提供的实物产品或服务商品的数量。例如，劳动生产率、设备生产率、资本生产率、能源生产率等。

多要素生产率是指，多种生产要素（一般是两种或三种，如劳动＋设备或劳动＋资本＋能源）每一单位所能生产或提供的实物产品或服务商品的数量。

全要素生产率是指，生产过程中全部投入的生产要素每一单位所能生产或提供的实物产品或服务商品的数量。例如，在生产过程中全部投入要素为劳动、设备、资本、能源，则：

$$全要素生产率=\frac{生产的商品或劳务}{劳动+设备+资本+能源}$$

2. 影响生产率的因素

影响企业生产率的因素很多，主要有资本规模、工艺（或操作）方法、生产技术和管理、产品和服务质量等。

（1）资本规模。先进生产工艺的采用往往都与生产的机械化、自动化程度的提高相关，而机械化、自动化程度的提高又需要有大量的投资，因此资本积累规模直接影响企业生产率的变化。

（2）工艺（或操作）方法。对生产率的测定和比较都要设定在一定的生产工艺（或操作）方法下。工艺（或操作）方法发生变化，生产率也将发生变化。

（3）生产技术和管理。生产技术包括新工艺、新技术、新能源、新材料，这些技术的使用对提高生产率具有加速效应。生产技术作为一个活跃的因素，通过对各要素的渗透，使得诸要素无论从量上还是质上都发生了根本性的飞跃，从而为生产率的提高创造条件。生产技术为生产的发展提供各种可能的途径，对生产的发展起着引导作用。同时，生产技术的发展推动了管理的科学化，把生产管理的科学化提到了一个全新的阶段。生产技术对其他生产要素具有提升效应，如生产工具的改进和革新，都要依靠技术进步。在现代化大生产中，科学技术强烈地改变着劳动者本身，改变着人。科学技术对生产环境具有变革效应。纵观人类文明的发展史，科学技术的每一次重大突破，都会引起人们生活、生产环境的变化，并促进社会生产的发展和人类社会进步的加速。当今世界正经历着一场以信息技术为代表的新的技术革命。新技术的普遍应用，正在把世界推进到一个新的时代。这种生活、生产环境变革的结果，必然会导致生产率的进一步提高。

（4）产品和服务质量。在质量与经济、社会和企业发展之间存在着一种不可分割的关系，21世纪的质量概念、质量意识、质量文化、质量战略及质量在国民经济与社会发展中的地位和作用，都将发生深刻的变化。谁不能审时度势，以变制变，谁就会在全球性的新一轮市场竞争中落伍。进入 21世纪，质量成为一个综合的概念，要把经营战略、质量、价格、成本、生产率、服务和人力资源、能源和环境等进行综合考虑，即要将质量概念与经济发展可持续化相联系。全新的质量理念告诉人们，研究企业生产率应该融合质量的概念，没有质量就没有数量，也就没有企业的生存和发展。

3. 企业提高生产率的措施

（1）对企业所有运营环节的劳动生产率进行测定。在了解各环节生产运营现状的基础上，要正确地测定目前所有运作的生产率。生产率指标是提高生产率的基准，因此正确地测定当前的生产率也是实施管理控制的第一步。

（2）消除制约生产率的因素。提高生产率不是只停留在某个局部生产率的提高，而是系统生产率的提高。企业的运营过程是一个有机的系统运作过程，如果企业的运营环节存在着"瓶颈现象"，某些投入要素需要经过较长时间的等待才能输入，就会影响综合生产率的提高。因此，实现各环节生产率的平衡是十分重要的。

（3）确定合理的目标。确定合理的生产率目标是十分重要的。企业生产率目标不能定得太低，如果定得太低，企业很容易就能实现，就没有奋斗方向，也不可能实现最佳要素利用效果；反之，也不能定得太高，即使尽了十分努力还是不能实现，就会使企业丧失斗志，放弃发展，同样也不能取得好的效果。合理的生产率目标具有一定的可控性。

（4）团队的协同和激励。企业生产率应该是一个"集合"的概念，它是一个特定组织的目标，提高生产率必须强调协同的作用，通过有利于"集合"的激励和制约，来实现生产率的提高。因此，在确定生产率绩效指标的时候，应该体现这一因素。

（三）战略目标

恰当的战略目标对一个企业来说至关重要。在一个精心制定的、符合实际的战略的指导下，企业各部门和全体员工协同一致朝着共同的目标努力，企业就会取得巨大的成功。相反，如果战略制定失当，或各个部门追求各自的目标，则会造成整体资源的巨大浪费，甚至会给企业带来灾难。

1. 企业运营战略的概念

企业战略的概念可以从广义和狭义两个方面来进行理解。从广义上说，企业战略包括企业的使命、目标、战略和策略。从狭义来说，企业战略则是指企业为了实现使命和长期目标而制定的一种具有总体性和长远性特征的谋划。在对企业的战略进行理解时，需要注意：第一，企业战略不是对企业内部和外部环境中短期或非根本性变化的消极反应，而是针对中长期根本性变化的积极反应。第二，企业战略的制定不仅要借助理性思维和逻辑推理，而且要借助想象和直觉等非理性的思维。第三，企业战略并不是少数高层领导者的美好愿望，而是企业的共同目标。

运营战略是指企业设计的一套运用自己资源的政策和计划，用以支持企业的长期竞争战略。它的着眼点是企业所选定的目标市场；它的工作内容是在既定目标导向下，制定企业建立生产系统时所遵循的指导思想以及在该指导思想下的决策规划、决策程序和内容；它的目标是使生产系统成为企业立足于市场并获得长期竞争优势的坚实基础。

2．企业战略的体系

企业战略体系可简单分为两个层次：公司战略和职能战略，这两个战略都是企业战略管理的重要组成部分，但各自的侧重点和影响的范围有所不同。

公司战略又称总体战略，是企业最高层次的战略。它需要根据企业的使命、目标，选择企业可以进入的经营领域，合理配置企业经营所必需的资源，使各项经营业务相互支持、相互协调。例如，在海外建厂、在劳动成本低的国家建立海外制造业务的决策。

职能战略是企业职能层次上的战略，主要涉及企业各职能部门，如营销、财务和生产运营等职能部门如何更好地为整体战略服务，从而提高企业效率。企业战略管理层次如图 1-3 所示。

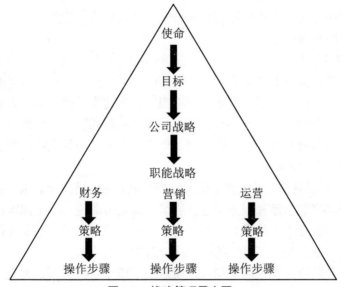

图 1-3　战略管理层次图

3．企业运营战略的内容

（1）生产能力计划。企业生产或服务能力所能达到的规模，不仅包括对生产或服务能力数量上的需求，还包括在种类和时间上的需求。生产能力过大，会影响投资收益率的提高；生产能力过小，又会失去市场机会。因此，生产能力需求计划是企业运营战略计划的重要内容之一。

（2）产品的选择。企业在确定目标市场之后，就需要考虑选择生产什么样的产品，提供何种服务，怎样的产品或服务才能占领市场。产品或服务的选择是一项复杂而又重要的决策，它的成败关系到企业的兴衰。

（3）技术水平。生产技术水平的决策直接影响到设备的选择、自动化程度的确定、设备的布置。最典型的例子就是汽车制造。

（4）协作化水平的确定。协作化水平的确定对企业在生产中自制与外购的比例以及协作厂的数量的决策具有决定意义。企业采取自制政策有利于控制质量、进度，在一定情况下，有利于降低成本；在社会分工和专业化协作水平较低的情况下，企业一般尽量采取自制政策。随着社会分工的日益扩大、竞争的日益加剧和市场的瞬息万变，企业不能在所有方面都做到最出色。所以，企业在加强自身核心技能的同时，必须联合上下游的企业，发挥各自的优势，实行资源互补。目前，越来越多的企业把非核心的业务，小到零配件、保洁服务，大到整个部门，如物流、制造、客户服务纷纷外包给更富有专业技能的企业来做。外包策略和管理已成为企业运营管理需要面对的一个重要课题。

（5）工厂设施的设计。工厂设施的设计包括厂址选择、设备布置以及确定生产或服务专业化水平。工厂设施的设计对生产运营的效率有很大影响，如果厂址选择失误、设备布置不当、专业化水平确定欠妥，对企业运营所造成的影响是长期的，有的甚至是不可逆转的。工厂设施的设计与企业的生产类型密切相关，生产类型是单件小批还是大量大批，都会对工厂设施的设计产生影响。

（6）质量管理。从宏观上来说，当今世界的经济竞争，很大程度上取决于一个国家的产品和服务质量。质量的高低可以说是一个国家经济、科技、教育和管理水平的综合反映。对于企业来说，质量也是企业赖以生存和发展的保证，是开拓市场的生命线。首先，当今市场环境的特点之一是用户对产品质量的要求越来越高。质量的本质是一种需求，客观上要求企业加强对不良品的预防、质量监督与控制，把提高产品质量作为重要的运营战略之一。其次，产品或服务低质量会给企业带来相当大的负面影响。它会降低公司在市场中的竞争力，增加生产产品或提供服务的成本，损害企业在公众心目中的形象，等等。而稳定的高质量产品或服务会比不稳定的低质量产品拥有更多的市场份额，从而也会给制造商带来较高的利润回报。利益机制必然会刺激企业重视产品质量或服务质量。

（7）生产计划与物料控制。随着需求的日益个性化，世界各大企业都纷纷推崇"零库存管理"理念，以转嫁风险的形式来降低自身的库存风险，这就给处于上游的企业带来了更为苛刻的条件，即交货期更短、数量更少、品种更多。于是，供方企业就要努力制定正确的资源利用政策、合适的计划集中程度和计划方法，以加强对企业物流的控制。

（8）劳动力计划。在企业间竞争越来越激烈的今天，如何吸引优秀人才、合理安排人力资源、降低人员成本，是提升企业核心竞争力的首要问题。人力资源是企业资源之本的理念越来越被人们所认识和接受。因此，确定在生产运营中所需劳动力的技能水平、制定合理的工资政策及稳定核心劳动力的措施，日益成为企业生存、发展过程中所需面对的重要战略问题。

二、企业运营管理的作用

企业组织有三个基本管理系统：财务、营销和运营（如图 1-4 所示）。这三个管理系统和其他辅助管理系统分别完成不同的任务，但又存在相互联系的活动。这些活动对企业组织运营来说都是必不可少的。这三个系统承担着各自独立的职能，但它们之间又是互相依赖的，只有它们相互依赖和配合才能实现企业的目标（如图 1-5 所示）。

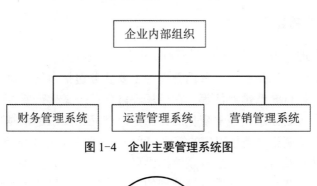

图 1-4 企业主要管理系统图

图 1-5 企业主要管理系统关系图

（一）运营管理

运营管理的实质是在生产要素投入产品或劳务产出的转换过程中发生价值增值，如图 1-6 所示。对非营利组织来说，产出的价值即它对社会的价值，其对社会的贡献度越大，说明运营效率越高；对营利性组织来说，产出的价值由顾客愿意为该组织提供的产品或服务所支付的价格来衡量，常言说优质优价。

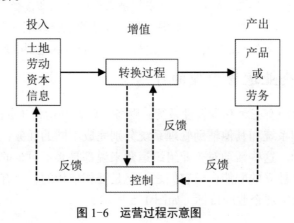

图 1-6　运营过程示意图

（二）营销管理

营销管理是指为了实现营销目标，对营销活动进行计划、组织、执行、控制和评估的一系列活动。营销管理的主要任务包括市场调研、营销策略制定、营销执行、营销评估等。在市场经济条件下，生产要按照社会的需要来进行。市场需求是经常变化的，用户对产品的要求越来越高。企业要在需求的不断变化中满足用户的需要，就必须及时掌握市场的动态。因此，营销系统必须及时向生产运营系统提供可靠的信息，并积极地为产品寻找市场。生产运营系统要适应营销管理的要求，为其提供适销对路的产品，对营销管理起保证作用。

（三）财务管理

财务管理是以资金运动为对象，利用价值形式对企业进行综合管理。企业的生产运营活动是伴随着资金运动进行的。财务系统要为生产运营所需的物资、技术、设施提供足够的资金，并从费用支出和资金利用的角度来控制生产运营。

运营管理水平的提高，在各方面减少消耗、节约资金，又为财务管理系统更好地利用资金、降低产品成本、增加企业利润、实现价值增值提供了重要条件。对大多数企业来说，运营管理是企业管理的核心。一个企业产品或服务的创造是通过运营职能来完成的。利用投入，经过一个或多个转换过程（如储存、运输、加工）可获得制成品或服务。

第三节　企业运营的基本模式

对于大多数企业来说，运营系统都是完整的"输入—转换—输出"模式。但对于不同行业、不同类型的企业来说，该模式的具体内容存在很大的区别，见表1-3。

表1-3　不同企业的"输入—转换—输出"

社会组织	主要输入	基本转换功能	期望输出
百货商店	有需求的顾客、售货员	吸引顾客、推销商品	订单、客户满意度等
仓储中心	入库的货物	仓储、保管等	货物保管和储存等
自行车厂	原材料、技术工人等	加工制造	自行车和自行车零配件等
运输公司	产地的物品	位移	销地物品
修理站	损坏的机器	修理	修复的机器
医院	患者、医务人员	诊断与治疗	恢复健康的人
生物制药	人财物、时间、信息	研发、生产、销售	生物药品
大专院校	高中毕业生	教学	人才

一、企业"输入—转换—输出"模式

企业通过一组输入和输出之间的一种函数关系、连续关系、反馈关系，获得一个相对最大化的产出。当向对象给出一个输入来测量其输出时，通过输入与输出之间的函数关系，了解对象的运作机制，或者推测对象的运作机制。再给对象一个输入，再获得一个输出。如此不断地循环往复，直到输入完全满足所期望的输出要求。在这个过程中，企业需要管理好输入、转换和输出三个环节之间的协调与配合。输入环节要注意采购和供应链管理，确保输入的资源质量和数量都符合企业的需求。转换环节要注意生产或服务过程的管理，提高生产效率和质量，降低成本。输出环节要注意市场营销和销售管理，只有确保产品或服务能够被有效地推广和销售，才能起到应有的作用。

企业运营系统，从一般意义来讲，对客户来说应该是完整的"输入—转换—输出"模式；对每个企业来说，多数是完整的"输入—转换—输出"模式，但不可避免地存在或多或少的缺项，如有投入无产出。"输入—转换—输出"系统的简图和详图分别如图 1-7、图 1-8 所示。

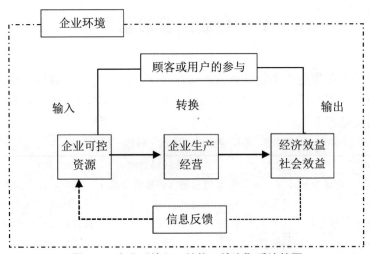

图 1-7　企业"输入—转换—输出"系统简图

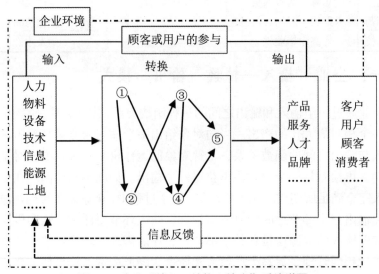

图 1-8　企业"输入—转换—输出"系统详图

二、企业运营模式要素的诠释

生产要素是经济学的一个基本范畴。生产要素是指维系国民经济运行及市场主体生产经营过程中所需具备的基本因素。经济学中的生产要素主要包括劳动力、土地、资本、企业家才能、技术等。企业运营系统中的生产要素指进行物质生产所必需的一切要素及其环境条件。生产要素一般包括人的要素、物的要素及其结合要素，具体地说，细分为人、机、料、法、资产、士气、环境等。不同行业、不同类型、不同企业的"输入—转换—输出"的各个阶段见表1-4。

表1-4 不同行业、不同类型、不同企业的"输入—转换—输出"的各个阶段

项 目		"输入—转换—输出"模式	
阶段的完整性	客户	模式的三个阶段必须完整	
	企业	模式的三个阶段是完整的，但模式可以有缺项或有投入无产出	
各阶段的含义	输入	输入的生产要素一般是显性的直接资源，包括人（复数概念的人员、员工的士气等）、地（运作场所、网站等）、机（机器设备、设施和工具等）、料（原材料、辅助材料、外购件及各种运营消耗等）、法（各种流程、操作方法、管理等）、资（资金、有价证券、资产等）、能（燃料、动力等能源）、信（各种与企业相关的信息）、知（知识、技能等）等。输入的可控资源，既包括企业不可或缺的资源，也有一些企业暂时用不上的资源	
	转换	图1-8中的圆圈及圆圈中的数字表示转换过程中产品、服务或参与的顾客需要经过的多个环节；箭线表示各个环节运行的顺序	
		转换过程的共性主要表现在：都要输入一定的资源；经过一定的转换过程才能得到其使用价值，进而实现价值增值。输出具有一定的使用价值，能满足人们的某种需要	
		既是劳动过程，也是价值增值过程	输入一定的资源，通过一组输入和输出之间连续的函数关系，将输入转化为输出的过程；经过一系列或多种形式的转换，增加附加价值后以某种形式的输出提供给社会的过程
		既是物质转化过程，也是管理过程	物质转化过程使投入的各种物质资源进行转变；管理过程使物质转化过程得以实现
	输出	输出实物产品/服务和知识、时间和质量等。输出主要按照不同的方式来分类定义的，但这些分类不能完全概括企业运营系统输出的一般特性，多讨论其包括的要素特征，如环境要素（提供服务的支持性设施，存在于服务提供地的物质形态的资源）；物品要素（服务对象要购买、使用、消费的物品和服务对象提供的物品）；显性服务要素（服务的主体、固有特性，服务的可定量性质量）；隐性服务要素（服务的从属、补充特征，服务的非定量性质量）等	

续表

项 目		"输入—转换—输出"模式
各阶段的含义	参与	顾客或用户参与也是转换过程的一部分。顾客或用户的参与是指他们不只接受转换过程的产出成果,在转换过程中,他们也是参与活动的一部分。同一服务,在不同的时间、地点对不同的服务对象有着不同的意义。对服务业来说,服务产品就是服务过程本身,二者不可分离
	反馈	图 1-8 中有两层反馈:一是外部(顾客、用户、公众等)反馈,二是内部(有关生产运营活动)反馈。输入中的"信息"主要指来自企业运营系统内部,即转换过程中所获取的信息,如运作进度报告、财务报告等;反馈的"信息"主要指企业运营系统外部的信息,如市场变化、新技术发展、政府部门关于经济趋势的分析报告等信息。企业输入—转换—输出系统中的反馈关系不断地强化和调整着输入、输出及转换,更有效地控制着输入、输出之间的频度与周期
	环境	图 1-8 中最外层的虚线框架表示企业生存所依托的环境。当环境的变化程度轻微或几乎无变化时,应维持现有运营系统;当环境因素变化到一定程度时,应改进现有运营系统;当环境剧烈变化或威胁到企业的生存发展时,应全面整改现有运营系统,以适应环境的变化

无论生产的社会形式如何,人、物要素始终是生产不可缺少的要素,但当人和物处于分离的情况,它们只是可能的生产要素,只有当它们结合起来才能成为现实的生产要素。它们结合方式的差异,使社会区分成不同的经济结构和发展阶段。随着社会生产力的不断发展,还会有新的生产要素进入生产过程,生产要素的结构方式也将发生变化。农业经济时代最重要的生产要素是土地,工业经济时代最重要的生产要素是资本,信息经济时代最重要的生产要素是知识。

第四节　企业运营管理的演变过程与发展趋势

企业运营管理从产生到现在已经经历了 100 多年的发展,在这期间,企业运营管理的理论在逐渐趋向完善,对企业的发展具有重要的作用。当前,企业运营管理正在向着绿色制造发展,这是未来企业运营管理的重要发展趋势。

一、企业运营管理的演变过程

运营管理的概念大致产生于 20 世纪初期。产业革命始于 18 世纪 60 年代的英国,随后扩展到欧洲,并于 19 世纪传到美国。1764 年,詹姆斯·瓦特（James Watt）改良了蒸汽机，使得工业发展打破了对劳动力的束缚；同年，詹姆斯·哈格里夫（James Hargreaves）发明了珍妮纺纱机；1785 年，埃德蒙特·卡特莱特（Edmund Cartwright）发明了动力织布机。这三项发明带来了纺织工业的革命。在这种背景下，生产运营的管理开始进入科学化时代。

企业运营管理的演变过程见表 1-5。表中所涉及的理论研究和管理实践对企业运营管理的产生、形成和发展有着深刻的影响。

表 1-5　企业运营管理的演变过程

年　代	理　论	工　具	创　始　人
20 世纪初期	科学管理原理 工业心理 流水装配线 经济批量规模	时间研究与工作研究 动作研究 活动规划表 订货管理的 EOQ	泰勒 弗兰克、吉尔布雷斯夫妇 福特、甘特 哈里斯
20 世纪 30 年代	质量管理 霍桑实验	抽样检验和统计表 工作活动的抽样分析	休哈特、罗米格 梅奥和提普特
20 世纪 40 年代	复杂系统多约束方法	线性规划的单纯型法	运筹学研究小组和丹齐克
20 世纪 50—60 年代	运筹学的进一步发展	仿真、排队理论、决策理论数学规划、PERT 和 CPM 项目	美国和西欧的很多研究人员
20 世纪 70 年代	商业中计算机的广泛应用 服务数量和质量	车间计划、库存控制、预测、项目管理、MIP 服务部门的大量生产	奥里奇和怀特 麦当劳
20 世纪 80 年代	制造策略图 JIT、TQC 和工厂自动化 同步制造	作为竞争武器的制造 看板管理、计算机集成制造 CAD / CAM 机器人等 瓶颈分析和约束的优化理论	哈佛管理学院教师大野耐一、戴明和朱兰以及美国工程师组织格劳亚特
20 世纪 90 年代	全面质量管理 企业过程再造 电子企业 供应链管理	波里奇奖、ISO 9000 价值工程、并行工程和持续改进 基本变化图 Internet、万维网 SAP / R3、客户 / 服务器软件	国家标准和技术学会，美国质量控制协会（ASQC）和国际标准化组织 哈默和咨询公司 美国政府，网景通信公司和微软公司 SAP（德国）、ORACLE（美国）

在整个 20 世纪，企业运营管理的演变过程几乎都是围绕着企业管理职能进行的。管理职能理论在这百年中不断被修订、完善。尽管它仍有局限性和不足之处，但作为一种基本理论，它对企业管理的作用和贡献，是不

能被忽视和完全否定的。

二、企业运营管理的发展趋势

当前，企业运营管理的发展趋势是绿色制造。绿色制造，又称环境意识制造、面向环境的制造等，是一个综合考虑环境影响和资源效益的现代化制造模式。其目标是使产品在设计、制造、包装、运输、使用到报废处理的整个产品生命周期中，对环境的影响（负作用）降到最小，资源利用率最高，并使企业经济效益和社会效益协调优化。绿色制造这种现代化制造模式，是人类可持续发展战略在现代制造业中的体现。绿色制造是企业实施可持续发展战略的一种生产方式。绿色制造的重要课题之一是生命周期评价。

（一）生命周期评价

生命周期评价（Life Cycle Assessment，LCA），又称生命周期分析、生命周期评估、生命周期方法、生态衡算和可持续发展产品生命周期等。LCA 按照其技术复杂程度分为概念型 LCA、简化型 LCA、详细型 LCA 三种类型。

1. 概念型 LCA

（1）定义

国际标准化组织（International Organization for Standardization，ISO）认为，LCA 是对一个产品系统的生命周期中输入、输出及其潜在环境影响的汇编和评价。

（2）特点

评估环境影响基本上采用定性的清单分析方式，不宜作为市场促销或公众传播的依据，但可帮助企业识别在环境影响方面有竞争优势的产品。

2. 简化型 LCA

（1）定义

联合国环境规划署（United Nations Environment Programme，UNEP）认为，LCA 是评价一个产品系统生命周期整个阶段（从原材料的提取和加工，到产品生产、包装、市场营销、使用、再使用和产品维护，直至再循环和最终废物处置）的环境影响的工具。

（2）特点

涉及产品全周期，但仅限于简化评价，使用通用数据，着重评价环境因素、潜在环境影响、生命周期阶段或 LCA 步骤，同时给出评价结果的可靠性分析。其研究结果多用于内部评估和不要求提供正式报告的场合。

3. 详细型 LCA

（1）定义

LCA 是根据产品评估目标（如技术经济特性、环境协调性等），对产品周期的各阶段（材料制备、设计开发、制造、包装、发运、安装、使用、处置及回收再生）进行分析或评估，从而获得产品相关信息的总体情况，为产品性能的改进提供完整、准确的信息。

（2）特点

该类型的 LCA 包括 ISO14040 所要求的目的和范围确定、清单分析、影响评价和结果解释四个阶段。常用于产品开发、环境声明（环境标志）、组织的营销和包装系统的选择等。其过程为：第一，辨识和量化整个生命周期阶段中能量和物质的消耗以及环境释放。第二，评价消耗释放对环境的影响。第三，辨识和评价减少这些影响的机会。

LCA 的核心是一种用技术找方法评估产品周期中，从原材料的获取直至产品使用后的处置，对环境的影响。

LCA 可追溯到 20 世纪 70 年代的能源危机，其演变过程见表 1-6。最初，LCA 主要集中于对能源、资源消耗的关注。后来其他环境问题也逐渐进入企业的议事日程，LCA 被进一步扩展到研究废物的处置，主要是为企业选择产品提供判断依据。

表 1-6 LCA 的演变过程

LCA 的演变年代	阶 段	主要实施内容
20 世纪 60—70 年代	萌芽期	评价产品的包装物
20 世纪 80 年代	增长期	从实验室转到企业，对产品形成统一的评价方法和数据；为 LCA 的发展和应用奠定了基础
20 世纪 80 年代末	成熟期	集中研究 LCA 的基本方法；用户利用 LCA 规范消费行为；政府利用 LCA 制定约束环境行为的规章制度和法律
20 世纪 90 年代初	应用期	世界各国的许多研究机构都建立了工作组，专门从事 LCA 研究，力图使各类指标变得易于操作，在全球范围的企业内实现较大规模的应用
20 世纪 90 年代中期	拓展期	开始对供应商的相关环境进行 LCA

LCA 涉及材料科学、设计与制造科学、信息技术、资源及环境保护学、系统工程理论等多门学科，是一项极其复杂的系统工程。

（二）LCA 是 ISO14000 系列标准的重要组成部分

国际标准化组织的环境管理技术委员会（ISO／TC207）专门负责制定有全球性影响的技术文件和环境管理标准，其中有关 LCA 的标准编制在 ISO14040 系列标准中，包括环境管理、生命周期评价、原则与框架，环境管理、生命周期评价、目标和范围的界定及清单分析，环境管理、生命周期评价、影响评价，环境管理、生命周期评价、ISO14042 应用实例（未来技术报告），环境管理、生命周期评价、生命周期评价数据文件格式。

1. ISO14000 系列标准的编号

ISO14000 系列标准是环境管理技术委员会负责起草的一份国际标准。ISO14000 系列标准共预留 100 个编号。该系列标准共分七个系列，其编号为 ISO14001—14100，见表 1-7。

表 1-7　ISO14000 和 GB/T 24000 系列标准的编号分配表

标　准	代　号	分委员会秘书处所在国	名　　称	标准编号
国际标准（ISO 14000 系列标准）	SC	ISO/TC207	ISO 14000 系列标准	TC207
	SC1	英国	环境管理体系（EMS）	14001—14009
	SC2	荷兰	环境审核（EA）	14010—14019
	SC3	澳大利亚	环境标志（EL）	14020—14029
	SC4	美国	环境行为评价（EPE）	14030—14039
	SC5	法国	生命周期评估（LCA）	14040—14049
	SC6	挪威	术语和定义（T&D）	14050—14059
	WG1	德国（特别工作组）	产品标准中的环境指标	14060
	/	/	备用	14061—14100
国家标准（中国）	GB/T24040—1999		环境管理生命周期评价原则与框架	
	GB/T24041—2000		环境管理生命周期评价目的与范围的确定和清单分析	
	GB/T24043—2002		环境管理生命周期评价生命周期解释	
	GB/T24042—2002		环境管理生命周期评价生命周期影响评价	

1997 年 4 月，国家技术监督局将 ISO14000 系列标准中已颁布的前 5 项标准等同转化为中国国家标准，标准代号为 GB/T 24000-ISO14000。1998 年，中国国家技术监督局开始引进 ISO14040 系列标准，并将其等同转化为国家标准，代号为 GB/T 24040 系列，已完成

了两个标准（ISO14040 和 ISO14041）的等同转化工作；2001 年转化了 ISO14042 和 ISO14043。

2. ISO14000 系列标准的类型

ISO14000 系列标准包括环境管理、环境审计、环境性能评估、生态标志和环境标志等方面。这些标准旨在帮助组织管理其环境责任，降低环境影响，并提高环境绩效。它们是通用的，适用于各种类型、不同规模和提供不同产品的组织。ISO14000 系列标准不仅是为了满足组织自身的环境管理需求，也是为了满足相关方的需求以及日益增长的市场对可持续性环境管理的要求。

ISO14000 作为一个多标准组合系统，其标准类型见表 1-8。

表 1-8　ISO14000 系列标准类型

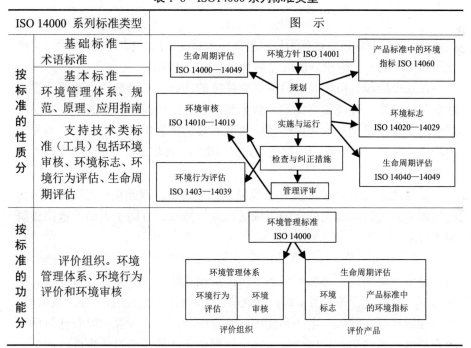

在 ISO14000 系列标准中，管理评审与环境审核密不可分，ISO14000 的核心是 ISO14001，由建立体系而派生出一系列相关的判定、审核、方法及定义、标准。因此，ISO14001 是处于 ISO14000 核心位置的龙头标准。

ISO14040 标准将 LCA 的实施步骤分为目标和界定范围的确定、清单分析、影响评价和结果解释四个部分，如图 1-9 所示。

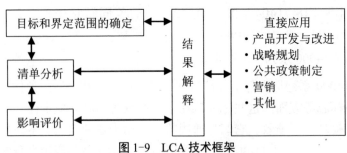

图 1-9　LCA 技术框架

3. LCA 的实施步骤

（1）确定目标和范围

进行 LCA 研究，首先要做的就是要确定目标和范围，通过该步骤可以明确开展 LCA 的目的、意图、研究结果可应用的领域，保证研究的广度、深度与要求的目标一致，明确地分析目标和确定准确的评价范围，决定分析或评估的方向和深度，这样可以降低评价的难度，减少相应的工作量，对指导产品周期的各个阶段分析或评估具有重要的作用。

在这个阶段，所涉及项目主要有系统的功能、功能单位、系统边界、数据分配程序、环境影响类型、数据要求、假定条件、限制条件、原始数据质量要求、对结果的评议类型、研究所需的报告类型和形式等。需要确定的内容主要有评价目的与范围、数据的类型、收集方式、整个系统边界、评价方法等。

需要注意的是，LCA 是一个反复调整的过程，因此在收集数据和信息的过程中，可以对预先确定的范围适当进行修改，有助于更高效地完成研究的目标。

（2）分析清单。在研究的目标和范围确定之后，就可以模拟或追踪产品的整个生命周期，详细列出各个阶段的输入和输出清单并进行分析，从而为下一阶段进行各种因素对目标性能的影响评价做好准备。在列表阶段，主要收集产品在输入、生产和使用、处置中的原料、能源，以及任何反映废弃物的有关信息。具体地说，这个过程包括产品从原料的摄取、加工、制造、包装、运输、分配、应用和处理，到计量单位产品产出所耗资源和废弃物。清单分析是 LCA 量化分析的开始，是量化和评价所研究的产品、工艺或活动整个生命周期阶段资源和能量使用以及环境释放的过程。

分析清单需要进行以下四个步骤：第一，建立产品系统模型，绘出产品生命周期流程图。第二，细分流程中的单元过程。第三，收集产品系统中的输入、输出数据，即资源消耗和污染排放数据。第四，进行数据分配，如某工艺同时生产出两种产品时，其输入、输出数据可按产品重量进行分配。

（3）影响评价

影响评价是根据清单分析中的获得信息，定性或定量地分析它们对目标环境的影响。具体步骤：系统地鉴别；定性或定量分析产品或生产系统的投入/产出可能对生态系统、人体健康、自然资源等产生影响的过程，也就是用清单所获得的数据来评价产品周期各个阶段和总体的资源、能源消耗与污染物排放等对环境的影响。

（4）改善评价

改善评价指的是对清单分析和影响评价的结果进行解释分析，并提出改进意见。对改进后形成的方案也须再次进行 LCA。根据在清单分析过程中获得的有关产品的各类数据以及在影响评价中所获得的信息，企业可以找出产品生产的薄弱环节，有目的、有重点地改进创新，为生产更好的绿色产品提供依据和改进措施；同时还可以根据这些信息制定关于该类产品的评价标准，为以后的评价工作提供一个可靠的基准。

改进阶段是 LCA 最后一个阶段，可以通过进行产品再设计或是制造方法来对产品的环境质量进行改善。通过产品环境评价，可以就产品对环境所造成的影响进行全面的分析。如果在最后研究发现，产品在生产过程中的某些废弃物浓度超过了国家允许的最大排放浓度，那么企业就应该采取一定的措施改进设备或是生产工艺，从而降低废弃物的浓度。

（三）LCA 的应用

1. LCA 在政府层面的应用

LCA 作为一种评价产品整个生命周期环境后果的分析工具，国内外主要应用在政府和企业两个层面。LCA 在政府层面的主要应用，见表1-9。

表1-9　LCA 在政府层面的应用

应用项目	主要内容
包装政策	包装材料的环境影响。欧盟制定《包装和包装废物法》，明确将 LCA 的条款纳入了法令的内容；比利时政府于 1993 年做出决定，根据环境负荷的大小对包装和产品征税，其中环境负荷大小就是用生命周期评价方法确定的
废物管理政策	关注废物回收和再循环管理。废物处置，选择最佳废物处置方案，制订押金及偿还计划。给出废物处置的最佳方案，制定废物管理的政策措施（如押金及偿还计划、再循环含量要求等），促进废物的资源化和再利用，有助于循环经济的发展

应用项目	主要内容
工艺政策	丹麦政府在和企业的一个约定中，提出了对 LCA 的要求，他们用了 3 年对 10 种产品类型进行了 LCA
环境标志计划	要求将 LCA 作为制定公共政策中环境标志或生态标准的方法，如美国环保局在《清洁空气法案》修正案中用 LCA 评价不同能源方案的环境影响，能源部用 LCA 检查托管电车使用效应；德国在建立标志产品标准前，先对产品生命全过程进行 LCA，计划中所陈述的目标是全过程评价，即考虑产品对环境危害的各个方面，包括在产品的生产、销售、运输、使用、废弃的过程中对产品有害物质含量，排入大气、水、土壤的污染物程度，噪声产生强度，原材料和自然资源的使用等方面的分析
污染控制政策	各国制定的污染控制政策的重点，已从末端的治理转向控制污染源、进行总量控制，而 LCA 反映了环境管理已转向对"各类污染源最小化、排放最小化、负面影响最小化"的管理模式，LCA 将成为未来制定环境问题长期政策的基础
绿色采购	从产品材料、辅料的绿色生产技术规范制定、采购开始，判断产品和工艺是否属于绿色生产范畴
产品的绿度	清洁产品设计和再设计，或称产品环境设计或生态设计。产品开发和革新中考虑产品周期的环境因素，从源头预防污染物的产生
绿色生产审计	对生产和服务实行预防污染的分析和评估，可保证更全面地分析生产过程及其上游（原料供给方）和下游（产品及废物的接受方）产品全过程的资源消耗和环境状况，找出存在的问题，提出解决方案，其思路是判明废物产生的部位—分析废物产生的原因—提出方案以减少或消除废物
区域绿色生产的实现——生态工业园的园区分析和入园项目的筛选	园区中各组成单元间相互利用废物作为生产原料，最终实现园区内资源利用最大化和环境污染的最小化。LCA 将产品的生产过程（单元内）与原材料获取和产品（以及副产品、废物）的处置（单元外）综合起来考虑，考察其资源利用和污染物排放清单及其环境影响，辅助园区的现状分析、园区设计和入园项目的筛选

2. LCA 在中国的研究和应用

在中国，LCA 已经占领了一定的市场，很多的机构或组织已经开始对 LCA 进行研究和应用，但由于缺乏必要的基础研究、基础数据和经费支持，因此研究效果不明显。在中国的 LCA 应用方面，国家自然科学基金项目先后资助了一些项目，包括"我国企业环境行为生命周期管理对策研究""城镇生活垃圾生命周期分析及过程管理对策研究""考虑环境因素的产品生命周期的评价""保护区生态旅游生命周期与承载力的关系及风险评价"等。

在 LCA 实践方面，中国目前还未进行完整的 LCA（包括简化型或速成型 LCA）研究。随着中国大力发展绿色生产、生态工业和循环经济，实现可持续发展的要求越来越强烈。在这种情况下，LCA 成为政府和企业解决该问题的首选。我国在未来的发展中，应该着重开展以下几个方面的工作：

（1）引进和消化吸收国际社会日益发展的 LCA 方法，建立符合中国国情的 LCA 方法学体系和数据支撑体系。

（2）研究企业污染全过程控制和环境管理的新模式，研究如何利用 LCA 思想和方法，帮助企业进行产品开发、市场营销、投资、环境管理等方面的决策。

（3）研究政府部门如何利用 LCA 手段进行环境管理和决策。对于与产品、技术、工艺和产业等有关的国家重大计划和政策（产品政策、绿色采购）的出台，进行生命周期分析。

（4）研究和示范生命周期管理在绿色生产审计、产品生态设计、废物管理、生态工业等领域的应用。

在考察某类产品对环境的影响时，应考虑到同类产品在其生命周期的某些阶段、某些方面的环境行为基本相似，而仅在少数几个方面的环境行为有显著差异。因此，只需将注意力集中在对环境产生不同影响的关键之处。通过"求异法"找出不同，进行比较，确定标准。由于标志计划的目的不是鉴定出对环境"最好"的产品，而是通过评价的比较，找出在同类产品中环境行为"较好"的产品，因而"求异法"仍能够反映出产品对环境影响的全貌，即反映出产品的总体环境价值。

（四）LCA 的不足

1. 标准单一，不易确定标准阈值

各国的 LCA 常用某类产品的单一阶段、单一特性或几个主要的环境行为来确定标准，将通用的矩阵分析方法用于识别重要的环境影响，但并不用数量确定局部影响或总影响。在建立标志标准的过程中，用某一产品类别的所有评价确定一般的不同点，实际上除个别例子外，一种产品的一个或两个影响方面会被着重考虑，而其他方面被认为是次重要的。因此，用这种方法制定出的标准通常是单一标准。例如，有一种小机械产品的生产污染较大，而其生产厂商都有大体相同的技术水平，小机械的使用方法也基本相同，小机械之间在环境行为方面的主要差异仅在其处置过程中，因为该类小机械是可以回收的。因此，尽管在小机械的生产和使用阶段对环境有重大影响，但在这一阶段中产品之间建立标志标准是无差异的。如果

所有小机械均以同样方式生产，那么一个准则就不能使其转变为较清洁的生产技术。因为要建立能够在产品之间识别其环境影响的准则是不可能的，不同的小机械的环境影响只有在其处置阶段才能进行识别（回收与非回收小生产机构之间的差别），所以一种环境标志既可以在一处单一标准基础上授予产品可回收性、节能性产品标准等，也可以将产品的整个生命周期都考虑进去（如瑞典纺织品用洗涤标志标准），标准中所规定内容的多少是与每类产品中产品之间差异程度有关的。

此外，环境标志的标准阈值的确定也比较困难。国外所有环境标志产品都确定了较高的标志标准，即建立一个较高的标准阈值水平，使同一类产品中许多产品都难以达到标准的要求。因为粘贴环境标志，不仅可以促进制造商之间的竞争，而且可以增强公众对公司的信任和支持。如果指标定得太低，则达不到明显的环境效益、经济效益，其声誉也会受损，对消费者、制造商同样有害。如果指标太高，没有产品能够达到此指标，那么该标志标准也就变得毫无意义。

2. LCA 的数据资料不够充分

当前，由于产品生命周期的数据采集不够完善，尤其是一些很难定量的数据，因此 LCA 还不能完全定量地对绿色制造进行评价。虽然近年来企业对 LCA 越来越重视，但一个"完整"的生命周期评价需要花费很多时间来收集、分析和研究大量的数据（一个完整的生命周期评价需大约 60 万条数据），而许多数据又是企业的专利或商业机密，不容易获得，因此这就极大地限制了 LCA 的数据数量。

3. LCA 的方法存在缺陷

由于产品的性能不同、适用范围不同，LCA 只能粗略地观察到怎样对产品生产过程中的能量消耗及所排污染物的量进行比较，缺乏一种统一的、通用的、全面的环境危害检测和评价方法。因此，要对产品各个阶段产生的环境影响进行多因素综合评价，全面衡量产品的环境行为显然是困难的。例如，某种产品十分耐用，但其废弃处置却十分困难；而另一种产品的使用寿命短，但处置后的危害却很小。那么，这两种产品哪一种对环境更有益呢？这就需要对其进行统一、全面的 LCA，并得出综合评价指数，才能知晓。

一方面，由于 LCA 针对的是产品的整个生命周期，包括从原材料制备到产品报废后的回收处理以及再利用的全过程，该方法涉及的内容具有很大的时空跨度。并且，市场上的产品种类众多，产品的复杂程度不一，LCA 的对象具有多样性和复杂性，缺乏一个统一的方法。因此，到目前为止，仍没有一套有效的真正意义上的 LCA 应用于实际生产中，以指导产品的设计和产品的"绿色度"评价。另一方面，LCA 还不太成熟，如废弃物对人体健康的影响评价方法，目前主要采用数理统计学的知识，通过描述"剂量—反应关系"来推测，由于对人体的致病机制不了解，建立的健康评价和预测模型往往存在很大的不确定性。

作为制造企业一种产品环境特征的分析方法、决策支持工具、环境管理国际标准，LCA 是环境保护积极的、预防性的手段。其主要应用在确定和量化研究能源和物质利用及废弃物的环境排放，评估一种产品、工序和生产活动造成的环境负载，寻求环境改善的方法。LCA 还可以帮助企业实现可持续制造战略，并将在全球贸易与环境领域中发挥更大的作用。

第二章　企业运营的战略及其选择评估

　　企业战略是关于企业发展方向、目标和发展路径的规划，运营管理则是在战略管理的框架下，具体地加以实施。战略更多地关注效果，"做正确的事"；而运营关注的是效率，即"正确地做事"。战略的形成基于企业独特的核心能力，战略管理为企业提供运营管理的框架以执行战略。企业的运营管理是企业战略目标实现的基础和保障，运营管理是企业管理的基石和衡量企业管理水平高低的标准。

第一节　企业运营战略管理概述

　　在网络经济时代，市场竞争激烈，消费者处于市场的中心地位。客户需要全方位的服务，因此企业应该转变以产品为中心的观念，形成以客户为中心的经营理念，从卖产品转变为向客户提供解决方案，为客户提供服务。目前，企业之间的竞争进入了速度、质量、成本、服务、环境因素的全方位竞争阶段，速度是竞争的第一要素。为了取得竞争优势，企业必须为客户创造价值，企业运营管理的范围应该扩大到整个企业，利用企业内、外包括客户、供应商和合作伙伴的全方位资源，进行包括人、财、物、产、供、销的全方位管理。因此，企业运营管理的内涵应该超越传统的生产投入—产出过程，而以整个产业价值链的运作过程为中心。我们将这个以信息流为核心，面向产业价值链的运营管理体系称为"全方位运营管理体系"。

一、运营管理理论的发展

　　由于外部经营环境的改变和企业间竞争的加剧，企业的生存和发展将面临更加严峻的挑战，企业战略管理正是在这种背景下得到企业的广泛重视，成为解决企业生存和长远发展问题的关键所在。制定与执行战略管理也逐渐成为企业管理的重要工作。

　　20世纪，企业的运营管理理论不断发展，围绕提高生产效率、产品质量，改善客户服务、对客户的反应速度，不断地改进生产方法和管理方法，可以说整个企业管理理论的发展主要是以运营管理为主线的。

在创建世界级的生产运营方式中，一些着力于企业运营模式改造的技术，如 JIT（准时制生产）等越来越受到重视；另外一些融入先进计算机技术、信息技术和现代运营模式，如制造资源计划、企业资源计划、业务流程再造、客户关系管理、精益生产、计算机集成制造系统、灵捷制造等生产技术与管理技术得到了更加广泛的重视和应用。世界级的生产运营方式的形成，实际上是生产与运作管理经过近一个世纪的发展和完善的结果，它们兼收并蓄了各个时期生产与运作管理实践的创新，代表了当今世界生产与运作管理的发展水平和趋势。

在技术日新月异、市场需求日趋多变的今天，企业运营管理的理念、组织结构、系统设计、方法手段及人员管理等呈现出许多新变化、新特征，具体表现在以下六个方面：

1. 企业运营管理是基于客户导向的价值创造过程。

2. 大规模定制生产模式成为 21 世纪企业适应市场竞争的必然选择。

3. 以互联网为代表的 IT（Information Technology，IT）技术成为企业运营管理的信息基础设施。

4. 运营管理超越了生产系统，从制造资源计划、企业资源计划、客户关系管理、供应链管理发展到点击付费广告模式。

5. 企业运营管理基于联盟策略的供应链体系、价值网体系。

6. 企业运营管理基于商务智能（Business Intelligence，BI）的知识管理体系。

二、运营管理概念

（一）运营

1. 运营的概念

要了解运营管理概念首先必须明确运营的概念。运营活动是一个"输入—转换—产出"的过程，即投入一定的资源，经过一系列、多种形式的转换，使其价值增值，最后以某种形式的产出提供给社会的过程，体现了企业社会存在的基本功能和客观必要性。输入包括人力、设备、物料、资金、信息、技术、能源、土地等多种资源要素。产出包括两大类：有形产品和无形产品。前者是指汽车、电视、电脑、服装、食品等各种物质产品，后者是指某种形式的服务，如银行所提供的金融服务。中间的转换过程就是劳动过程和价值增值过程，包括物质转化过程和管理过程（如图2-1所示）。

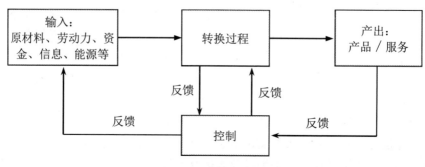

图 2-1　运营活动过程

2. 运营的战略作用

运营职能对任何一个企业来讲都十分重要，不仅为顾客提供需要的产品与服务，而且对企业战略的实施、支持、发展发挥着关键的作用，表现在：贯彻实施企业的战略，为企业战略提供支持；为企业提供长期竞争优势，以推动企业战略发展。

卓越的运营职能对企业的贡献表现在四个方面：改进企业薄弱环节、学习行业内先进企业的经验、形成企业的运营战略、成为企业的竞争优势。

（1）改进企业薄弱环节。改进运营中的薄弱环节，在企业各个运营系统中保持领先，不拖企业后腿，不成为企业的累赘与负担，贯彻实施企业战略，保证企业战略目标的实现。

（2）学习行业内先进企业的经验。以行业内优秀企业为基准，学习其先进的运营管理经验，力争保持行业中游，不掉队，力争使运营系统支持企业总体战略的实现。

（3）形成企业的运营战略。在竞争中积累经验，深刻理解企业竞争环境，以严密的思维，建立运营战略，成为行业明星。脱颖而出后不能自满，应充分利用运营战略，进一步推动企业战略的发展，引领企业进入一个新的发展阶段。

（4）成为企业的竞争优势。着眼于企业未来，进一步改善企业运营，关注协同运营，使运营系统成为企业的竞争优势，超越自我，保持企业可持续健康发展。

（二）运营管理

运营管理就是对由输入到产出这一中间转换过程的设计、运行和改进过程的管理。其主要任务是建立一个高效的产品和服务的制造系统，为社会提供具有竞争力的产品和服务。运营管理是企业经营过程中最基本的管理职能之一。运营管理的内容大致可以分为两大部分：战略性的运营管理和日常性的运营管理。

1. 战略性的运营管理

战略性的运营管理不是从单个流程考虑企业的经营管理，而是更多地考虑整个企业的总体运营过程。它涉及企业的外部环境，关注的是外部环境的模式变化，以及运营机构为了应对当前和未来的挑战所必须完成的任务。它还关注运营资源和流程的长期开发，以便能够形成可持续的优势。这部分内容包括运营战略的制定、运营能力的规划、选址、流程技术选择、运营系统总平面布置、与供应商及其他合作伙伴的相处方式及运营方式的变革等。

2. 日常性的运营管理

日常性的运营管理关注的是企业内部单个流程的运作，更加注重单个流程的运营的质量与效率问题。其管理职能表现为对企业的业务流程进行计划、组织和控制。其典型的任务包括运营计划的编制及计划与能力的平衡、流程技术维护、操作人员的工作设计、进度与成本的控制、质量保证和运营绩效的评定等。

战略性的运营管理和日常性的运营管理之间的区别，见表2-1。

表2-1　战略性的运营管理和日常性的运营管理间的区别

研究视角	战略性运营	日常性运营
时间跨度	长期：一年以上	短期：一年以内
分析层次	宏观，整体运营流程的整合：是否应当对新的货运技术进行投资？	微观，单个流程：货运处理中的瓶颈在哪里？
聚合度	聚合，如与竞争对手相比，我们在为商务舱乘客服务方面的整体能力是什么？	详细，如在机场的商务舱乘客休息室中应该设有多少个互联网连接点？
抽象程度	原则，如对长途乘客来说，什么样的服务才真正有意义？	具体，如在长途航班上应该提供什么样的餐食？

三、运营战略的概念

(一) 运营战略

运营战略是指界定企业作用、目标及活动的战略决策和战略行为的总体模式。我们可以对"运营战略"和日常经营活动进行研究。同时，也可以把运营战略分为战略内容和战略过程。运营战略的内容包括用来界定企业作用、目标和活动的特定决策和行为。运营战略的过程是指用来制定这些特定"内容"的决策形式。对于运营战略的定义，没有一个广泛的共识，不同的学者对这个概念都有略微不同的认识。

正因为如此，有些人认为运营战略应该通过这个层级的战略结构找到自己的位置。影响运营战略的主要因素就是企业管理层所选择的战略方向。假设有一家专门印制消费品包装的企业决定进行迅速扩张。它认为，从长远来看，那些拥有可观市场份额的企业将生存下来，而那些规模有限的竞争者则将被淘汰出局。因此，它的经营目标就必须强调销售量的增长，即使为此牺牲短期利润或短期投资回报也在所不惜。这一决定对运营战略的影响在于，运营职能部门必须投资建设额外的生产能力（工厂设备和劳动力），即使这样可能带来产能的过剩。它还需要在其所有的细分市场中增设新的工厂，以提高产品的交货速度。不同的企业目标将导致不同的运营战略。因此，运营职能的任务在很大程度上就是实现企业战略，或者将其"运营化"。

(二) 战略管理

战略管理是企业为实现战略目标、制定战略决策、实施战略方案、控制战略绩效的一个动态过程。战略管理由四个要素组成：经营范围、资源配置、竞争优势、协同作用。

1. 经营范围。经营范围是指企业从事生产经营活动的领域。它反映的是企业与外部环境相互作用的程度，以及企业计划与外部环境发生作用的要求。

2. 资源配置。资源配置是指企业过去和目前对资源和技能进行配置、整合的能力与方式。资源配置的优劣在很大程度上影响企业战略的实施能力。

3. 竞争优势。竞争优势是指企业通过其资源配置模式与经营决策，在市场上形成的领先于其竞争对手的竞争地位。竞争优势既可以来自企业在产品和市场上的地位，也可以来自企业对特殊资源的正确运用。

4．协同作用。协同作用是指企业从资源配置和经营范围的决策中所能寻求到的各种努力共同作用所能达到的效果，即协同之力大于各分力简单相加。在企业管理中，协同作用主要表现为投资协同作用、作业协同作用、销售协同作用等。

四、运营战略的框架

运营战略展示的不仅是一套新概念和技术，而且是一个研究运营问题的全新视点，加之在竞争中的巨大作用，因此引起学术界的高度关注。自20世纪70年代以后，国外管理学界对于运营战略的研究日渐增多，逐渐形成一套较为成熟的理论框架和操作程序。它的基本构架由四部分组成——竞争力排序、运营绩效目标、运营能力和运营策略。

（一）竞争力排序

竞争力排序可分为竞争要素和竞争力的优先级。

1．竞争要素

竞争要素是指一家企业希望展开竞争的维度。这些维度所描述的都是客户能够看到或体验到的东西。企业运营的竞争要素可以归结为以下五个方面：成本、质量、柔性、可靠性、速度。这些竞争要素互相作用、互相影响，且都必须得到很好的落地、实现，只有这样企业才能在生产运营领域长期占据竞争优势。

2．竞争力的优先级

竞争力的优先级由于运营机构自身的条件不同，如管理、工艺技术上的某些特长和弱点、资源的有限性等条件的限制，同时也由于顾客对产品及服务的要求不同、产品特性和市场定位不同，以及企业所处环境的不同等，使得运营机构在上述五个方面的竞争要素同时都达到最优既不可能也无必要。这样一来，就需要对竞争力发展的重点及优先顺序进行排序。显然，这一排序过程便是运营战略形成的过程。

（二）运营绩效目标

运营绩效目标是指用明确的数字和可以度量的文字来描述企业运营预

期要达到的结果，用一套指标体系度量。这一指标体系突破了传统的会计指标，不仅包括成本指标，还包括时间指标、质量指标及服务指标等，它与选定的优先竞争力相匹配。下面列举了一些典型的绩效目标[①]，见表2-2。

表2-2　典型的绩效目标

指标体系	竞争要素	现在年份	未来5年目标	世界及竞争对手现在的情况
制造成本（以销售百分比表示） 存货周转率	成本	55% 4.1	48% 5.2	50% 5.0
客户满意程度（对产品满意的百分比）	质量	75%	85%	75%
次品和返工的百分比		15%	5%	10%
担保成本（以销售百分比表示）		1%	0.1%	1%
库存满足订单的百分比	可靠性	90%	95%	95%
生产能力增减20%所需的月数	柔性	3个月	3个月	3个月
引进新产品所需的月数 装卸库存的准备时间	速度	10个月 3周	6个月 1周	8个月 3周

（三）运营能力

企业营运资产的效率主要指资产的周转率或者周转速度。企业营运资产的效益通常是指企业的产出量与资产占用量之间的比率。运营能力可以成为企业的核心竞争能力，企业能够从中获得重要的竞争优势。运营战略的制定与实施，必须明确企业的运营能力，尤其是企业的核心能力。核心能力是企业独有的对竞争要素的获取能力，是企业在竞争中与竞争对手取得差异的能力。

（四）运营策略

运营策略在整个企业策略中处于职能战略层，在企业的经济活动中处于承上启下的地位。其中，承上指运营策略是对企业总体战略的具体化，启下是指运营策略作为运营系统的总体战略，推动系统贯彻执行的具体实施计划。如何实现运营目标、贯彻运营战略，运营经理需要关注许多具体的决策问题，如设施产量决策、生产能力决策、质量决策、库存决策等。运营策略一般分为结构性策略和基础性策略。

[①]　［美］罗杰·G.施罗德. 运作管理［M］. 韩伯棠，译. 北京：北京大学出版社，2000：30.

五、运营战略的过程

（一）运营战略的制定过程

一个在市场中有出色竞争力的企业通常要有一个成功的企业发展战略。开发和保持一个企业的竞争力是企业上层的职责，而竞争力取决于上层决策者采用什么样的企业战略。因此，一个企业的战略对该企业的发展具有深远的意义，一个企业的战略制定过程给出了该企业未来的发展方向和它的使命，是指导企业长期和短期的决策。运营战略的制定要根据企业的战略使命、企业的总体战略目标和竞争战略目标，在环境分析的基础上，进一步确定企业运营管理战略的战略目标。战略规划制定过程的基本投入包括顾客需要的产品或服务、企业竞争的优势与劣势、整个商业环境、竞争对手的优势与劣势、企业的文化与资源。一个企业战略制定的基本过程如图 2-2 所示。

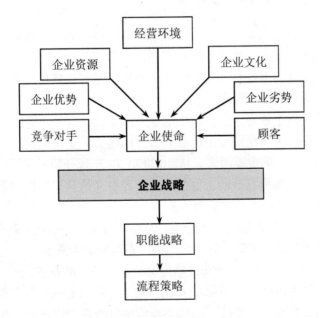

图 2-2　运营战略制定的基本过程

（二）运营战略的管理过程

战略管理的过程本质上是动态的，任何一个组成部分的变化都会导致其他部分甚至全部的变化。战略管理过程包括企业获得战略竞争力和超额利润的一整套约定、决策和行动，一般包括明确企业使命和愿景、战略分析、战略选择、战略实施、战略评估与控制几个阶段，如图 2-3 所示。

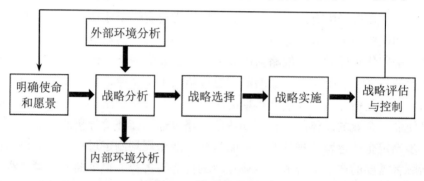

图 2-3　战略管理模型

六、运营战略的重要性

当产品供不应求时，人们很少注意运营战略问题，企业面临的问题主要是如何筹措资金扩大生产以供应市场，运营管理的任务仅是低价采购，使用简单的劳动力操作自动化程度高的机器，尽可能降低成本。企业的战略往往与市场和财务管理有关。

竞争力是指企业在经营活动中能够长期地以比其他企业或竞争对手更有效的方式提供市场所需要的产品和服务的能力。竞争力是决定一个企业生存、发展、壮大的重要因素。从 20 世纪 70 年代开始，学者们开始重视运营战略对企业整体发展的重要性。企业界也开始意识到，如果不重视运营战略，企业就会失去长期竞争力。

根据决策内容的特点，一般企业的战略可分为三个层次：企业级战略、部门级战略和职能级战略。它们之间的关系如图 2-4 所示。

（1）企业级战略。企业级战略定义企业所从事的业务。

（2）部门级战略。大多数企业由一群业务相关的战略经营单位或部门组成。部门级战略定义了特定的战略经营单位或部门将怎样参与竞争，每个战略经营单位或部门都需要根据特定市场细分情况和生产的产品来找出自己的竞争基础。波特（Porter）指出了三种基本的部门级竞争战略：低成本的制造、产品差异和市场集中。这三种战略中的每一种都对应一个相关的运营战略。如果某一企业只从事一种业务，没有事业部门的划分，企业级战略与部门级战略则是同种战略，内容可以合二为一。

（3）职能级战略。职能级战略的内容除了对各自职能、使命的定义，更重要的是明确各事业部职能规定的目标，以及实现这些目标的措施。运营战略属于职能级战略。

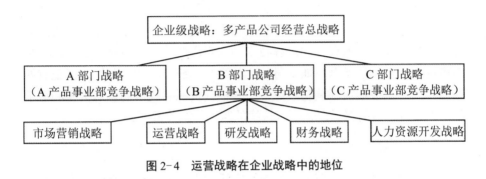

图2-4 运营战略在企业战略中的地位

第二节 企业运营战略的选择

运营策略的选择对于企业的可持续发展具有重大意义。企业选择运营管理战略的依据以对企业拟出的备选方案从成本、收益、风险及它们对企业长期竞争优势的影响等方面的全面评估，综合运用定性、定量分析的方法，以形成对备选方案的综合评价为基准。

一、战略选择的前提

企业运营战略的选择首先要有明确的战略定位。战略定位定义了企业在其竞争产品空间内想要占据的位置。相对于其目前所处的位置，战略定位通过对产品战略每个维度分配不同的权重，为将来的发展确定一个发展的方向。对于竞争对手的产品，我们要分析它的定位，这样在与竞争对手进行比较的情况下，企业可以构建和实施其战略，进而确定企业的产品内容。

为了取得良好的业绩，企业必须努力选择一种产品的特性与业务流程的组合，而这种产品的特性与业务流程同竞争对手的产品特性和流程是完全不同的。例如，在汽车工业中，劳斯莱斯努力提供高质量的汽车，而现代汽车的定位却是低成本。每个企业的业务流程都是不同的，为了有良好的表现，企业也需要同竞争者存在某些方面的差异性，这种差异性就是企业的核心竞争能力，这种核心竞争能力应该是竞争对手很难模仿的。

二、战略选择的内容

运营战略的选择主要包括三个方面：一是企业运营能力的匹配和变更问题。二是企业在供应链中的位置及与供应商和客户关系的建立与管理问题。三是业务流程的设计和流程技术的选择问题。运营战略决策的任务是在市场要求和企业运营所能交付的产品之间达成某种"匹配"。匹配有两种途径：一是根据需求调整资源，二是根据资源寻找市场。对资源和需求的协调进行不懈的努力以达到可持续的匹配是至关重要的。

（一）运营能力

运营能力通常指一个企业达到一定活动水平或产出水平的能力，往往以单位时间的产出量来衡量。总的来说，关于能力的规划与决策有两类问题需要回答。第一类问题涉及能力在整个企业中是如何配置的，这类问题包括能力的总水平如何；这些能力应在多少个工作场所之间进行分配；这些工作场所的准确位置应在哪里；能力在场所内应如何布置等。第二类问题涉及能力在一段较长时间内是如何变化的，这类问题包括什么时候应该对总能力水平进行改变；每一次改变的幅度有多大；能力扩张或缩减的速度应该有多快等。

（二）供应链

1. 供应链的概念

供应链是围绕核心企业，通过对信息流、物流、资金流的控制，由原材料零部件供应商、生产商、批发经销商、零售商、运输商及客户等一系列要素所组成。原材料零部件依次经过供应链中的每个企业，逐步变成产品。产品再经过一系列流通配送环节，最后交到用户手中。这一系列活动就构成了完整供应链的全部活动。

没有一个企业会孤立存在，所有的企业都与其他企业一起构成的相互连接的"链"的一部分，所有企业都要考虑自己在这个"链"中的位置，既要了解供应链内的动态力量对自己产生怎样的影响，又要决定自己在供应链中扮演什么角色。我们可以把有关供应链的问题分为两类：第一类是有关企业如何处理自己在供应链中的位置；第二类问题涉及与供应商、客户之间相互关系的具体的管理，其中最为重要的是供应商关系的管理。

2. 供应链管理

供应链管理就是使供应链运作最优化，以最低的成本和最高的服务水平，通过协调供应链成员的业务流程，使供应链从采购到满足最终顾客需求的所有过程，包括工作流、物料流、资金流和信息流等均能高效地运作，把合适的产品以合理的价格及时、准确地送到消费者手中。

（三）流程

流程是一种或一组活动，这些活动利用一个或多个输入要素，对其进行转换并使其增值，并最终向顾客提供一种或多种产出。关于流程的决策可以归结为两大类问题：第一类问题涉及的是整个企业业务流程的构建与设计；第二类问题涉及的是流程技术的选择问题，这类问题既包括作用于被转换资源并将其转变成最终产品和服务的设备、机器及加工工艺等的直接技术的选择，又包括辅助上述转换过程的间接技术的选择，这类技术通常是信息处理技术。

（四）匹配

运营战略决策过程中的首要任务是在市场所需要的产品与企业运营所能交付的产品之间达成某种"匹配"，就能在企业的资源和流程与其市场定位的偏求之间达成"匹配"。

三、战略选择的原则

（一）一致性原则

由于企业制定的战略不同，为保证战略的有效实施，企业运营战略的选择要遵循一致性原则。运营管理作为三大职能之一，能够提供有力的支撑。一致性原则在美国西南航空企业的成功上得到完美的体现，具体表现在以下七个方面：

1. 使用同一型号的机种。
2. 拥有最有生产力的团队。
3. 精简的工业流程。

4. 高效的内部信息流动。

5. 独有的员工精神。

7. 密集的班次。

7. 亲切周到的个性化服务。

（二）有效性原则

一个企业除了确定可持续的战略定位，还应该通过出色的运营策略来表现其与竞争对手的不同。例如，日本东芝企业通过使用不同形式的劳动力资源去组织生产，从而获得成本优势。运营有效性是指采用比竞争对手更有效的运营策略，从而更好地管理业务流程。

运营有效性包括了效率，但不局限于效率，还包括企业利用投入要素和资源进行生产的措施的有效性，即流程策略。例如，两个电视机企业可能引进相似的产品组装线和组装流程，但它们的业绩水平却不一定相同，因为它们管理流程的策略可能是不同的。

第三节　企业运营战略的绩效评估

企业绩效是衡量一个企业经营成果的最直接的指标，企业参与市场竞争的最终目的是获得经济效益。随着全球市场竞争的加剧，绩效评估成为驱动企业不断发展的最有效的工具之一。建立能够较好地反映企业运转情况的绩效评估模型是十分重要的，它可以为全面、正确衡量企业的运转效率提供客观依据。

一、绩效评估

绩效评估包括两个部分：绩效，对预定任务的执行情况；评估，对执行情况的度量与评价活动。绩效评估实际上是一个行为量化的过程。因为评估就是量化的过程，而企业的绩效则是由管理层采取的行动产生的。这里，我们把绩效定义为企业在某一时点上实现绩效目标的程度。绩效评估一般会被看作判断企业运营成功与否的标准。没有绩效评估，就无法在企业中实行有效、连续的控制。只有当绩效评估特别有效时，才会为企业不断进步提供帮助。

市场对各个绩效目标的需求和期望是随时间的变化而变化的。同时，企业满足市场需求的程度也在变化，而且在某一特定时刻，可能只有部分维度上的绩效能够达到市场的要求。此外，市场需求和企业的绩效本身也处于不断变化之中。例如，一开始，企业在质量和柔性这两个维度上的绩效与市场对它的要求非常接近，但在速度、可靠性和成本方面则表现不佳。一段时间后，该企业的速度和成本控制有了很大提升，已经基本达到市场的要求，但它的柔性却不能满足市场的期望了。之所以会出现这种情况，并不是因为它自身退步了，而是因为市场的需求发生了变化。

二、绩效评估系统

（一）绩效评估系统的概念

绩效评估系统是管理控制的基础，分析和控制计划活动没有定义监控、分析和控制计划活动的恰当的程序，计划过程就不能算完成。战略计划充当定义战略绩效评估系统使命与目标的主要的结构化调节者。绩效评测系统必须基于企业战略并支持企业战略，任何战略绩效评估系统必须与战略计划过程相联结。战略应成为战略绩效评估系统设计的出发点。

（二）绩效评估系统的结构

绩效评估系统的基础结构包括以下四点：

1. 绩效系统的输入，包括与定义指标相关联的数据需求。

2. 绩效系统能力需求，包括与指标相关联的数据与信息的获取、转移、存储、检索、控制及显示。

3. 绩效系统资源需求，包括人力、设备、空间、系统能力、信息技术等。

4. 获得所需资金预算，建立支持绩效系统运行体系。

三、运营系统的绩效目标

所有的运营系统都具有如下运营绩效目标：质量、速度、可靠性、柔性、成本。但在不同运营系统中每一目标都有不同的绩效标准。对于企业而言，要想在竞争要素五方面同时优于竞争对手而形成竞争优势是不太现实的。企业必须从实际情况出发，集中主要资源形成自己的竞争优势。特别是当 TQCF（Time，Quality，Cost，Flexibility）发生冲突时，就产生了多目标平衡的问题，需要对此进行认真分析和动态协调。

（一）质量

质量是指产品的质量和可靠性，主要依靠顾客的满意度来体现。我们所讲的质量是指全面的质量，既包括产品本身的质量，也包括生产过程的质量。质量绩效目标指正确地做事情，提供符合顾客需求、使顾客满意的产品或服务，从而获得质量优势。质量在不同运营系统中有不同的衡量标准。例如，在汽车制造、出租车运营、医院及超市运营中质量就有不同衡量标准。

（二）速度

速度是指比竞争对手更快速地响应顾客的需求，体现在新产品的推出、交货期等方面。速度是企业参与市场竞争的又一重要因素，对速度的要求具体表现在快速交货和按约交货两个方面。快速交货是指向市场快速提供企业产品的能力，这对于企业争取订单意义重大；按约交货是指按照合同的约定按时交货的能力，这对于顾客满意度有重要影响。影响速度能力的因素也很多，如采购与供应、企业研发柔性和设备管理等。

（三）可靠性

可靠性绩效目标包括交货可靠性、订单执行绩效和订单执行准确度三个方面。其中，交货可靠性包括缺货率、出货短缺率、未及时提供订单状态信息、订单状态信息有误、订单出货完整率；订单执行绩效包含订单完成率和订单执行提前期两个部分；订单执行准确度包括准时交货率、订单完成率、准确的产品选择、损坏率以及发票准确率。

（四）成本

成本包括生产成本、制造成本、流通成本和使用成本等。降低成本对于提升企业产品的竞争能力、增强企业的应变能力和企业抵御市场风险的能力具有十分重要的意义。企业降低成本、提高效益的措施很多，如优化产品设计与流程设计、降低单位产品的材料及能源消耗、降低设备故障率、提高质量、缩短运营管理周期、提高产能利用率和减少库存等。成本的衡量有以下几个方面：全面客户的满意程度，产品的不合格率，退货率，处理的精确度，物流管理总成本，员工生产率，保修成本以及预测、计划、调度准确度。

（五）柔性

柔性是指企业面临市场机遇时在组织和生产方面能快速而又低成本地适应市场需求，反映了企业运营管理系统对外部环境做出反应的能力。随着市场需求的日益个性化、多元化趋势，多品种、小批量生产成为与此需求特征相匹配的方式。因此，增强制造柔性已成为企业形成竞争优势的重要因素。柔性主要包括生产柔性、物流柔性、产品柔性、过程适应性和知识管理、学习、成长等。由此又涉及运营管理系统的设备柔性、人员柔性和能力柔性等，甚至对供应商也会提出这方面相应的要求。

第四节　企业核心能力周期的管理

出于对企业可持续竞争优势资源的探索，经济学理论、知识经济与创新理论分别从各自不同的角度出发，最后不约而同地把视线投向企业核心能力，认为企业的战略管理要致力于建立和提高企业核心能力。

一、企业核心能力

（一）企业核心能力的概念

企业核心能力是美国著名的企业管理学者普拉哈拉德（C.K.Prahalad）和哈默（G.Hamel），于1990年发表在《哈佛商业评论》上的一篇题为《企业核心竞争力》的文章中明确提出的。企业核心能力首先是一种能力，它使企业能够对外界事物和环境变化及时做出能动的反应，以便在激烈的竞争中获取生存权利和发展空间。一般认为，企业核心能力（core competence）是指企业开发独特产品、发展独特技术和发明独特营销手段的能力。它以企业的技术能力为核心，通过企业战略决策、生产制造、市场营销、内部组织协调管理的交互作用而获得使企业保持持续竞争优势的能力，是企业在其发展过程中建立与发展起来的一种战略性资产。

核心能力是企业持久竞争优势的源泉，它来自企业组织内部，是组织成员共同学习、掌握和运用的技能、知识和经验的组合。核心能力能够使企业在某个或多个领域获得领先地位，并且难以被竞争对手超越。

企业核心能力可以表现为多种形式，如创新开发能力、生产能力、营销能力、组织管理能力、技术创新能力等。这些能力不仅需要企业长期进行积累和培育，还需要不断进行更新和完善，以适应市场变化和竞争环境。企业核心能力的形成是企业内部各个要素有效整合的结果，这些要素包括员工素质、技术能力、知识管理、创新能力、企业文化、品牌价值等。通过有效整合这些要素，企业能够形成独特的核心能力，从而在市场竞争中保持优势。

评估企业核心能力的方法：确定企业独具的技术和知识优势、分析企业的业务组合和发展方向、评估企业的组织能力和文化等。通过评估这些方面，可以识别企业的核心能力，并为企业的发展提供指导。培育企业核心能力需要企业制定长期的战略规划，注重员工的培训和发展，加强技术研发和创新，优化业务流程和管理体系，以及塑造企业文化和品牌形象等。通过这些措施，企业可以不断提升自身的核心能力，实现持续的竞争优势和成功。

总之，企业核心能力是企业长期发展和成功的重要基础，它需要企业不断培育和提升，以适应市场变化和竞争环境。

（二）企业核心能力体现

企业核心能力表现为一种竞争优势，它可以是企业有形资源与无形资源的有机结合，如先进的设备、充裕的资金、成熟的技术，以及区位优势、成本优势等。这些能力体现为企业在研究开发、设计、制造、销售、服务等方面的职能部门中持续关注行业趋势、把握市场动态、持续迭代重构和跨界创新的能力。

同时，企业核心能力还具有差异化和延展性。差异化表现为企业在竞争中表现出自己的独特之处，这种独特性竞争，对手难以模仿或要付出巨大成本，如企业的品牌价值、独特的文化、专利等。延展性则表现为企业能够根据环境变化和战略调整，将核心能力应用到新的领域，实现跨领域创新发展。企业核心能力是一种企业自身特有的、能够创造持续竞争优势的资源和能力，是企业在激烈的市场竞争中保持长期优势的关键因素。

企业核心能力体现在以下四个方面：

1. 核心技术能力。企业核心技术能力即 R&D 能力，产品工艺创新能力等，体现了企业的技术优势。

2. 生产能力。企业的生产能力决定了产品质量优势及成本优势。

3. 营销能力。企业的营销能力体现了企业市场优势。

4. 管理能力。企业的管理能力又称整合能力，即对核心技术能力、营销能力的有效协调、整合、管理。

（三）企业核心能力的特征

1. 价值性

核心能力首先必须是有价值的。识别一种竞争能力是不是核心能力，首要的判断标准就是看它是否具有价值，核心能力应当有利于企业效率的提高，能够使企业在创造价值和降低成本方面比竞争对手更优秀；它能够给消费者带来独特的价值。例如，日本本田企业在发动机方面的技能就是核心能力，而在处理与经销商关系的能力就不是核心能力。因为是本田企业的发动机和传动系统方面的能力给消费者带来了巨大的价值，而不是因为本田经销人员的客户关系能力才使得消费者在众多品牌中选择了本田汽车。

核心能力一般都应具有以下两个价值特性：第一，核心能力提供对多个市场的潜在进入方式。第二，核心能力应当对最终产品的顾客知觉收益做出显著贡献，因为核心能力影响核心产品，核心产品影响最终产品的顾客反应和客户知觉。具有核心能力的企业，一定是其产品在市场上得到消费者承认的企业。也只有能够使企业为消费者提供根本性好处的能力，才能称得上是核心能力。

2. 独特性

企业核心能力是企业在长期的成长过程中，逐渐培养和积累起来的，具有较强的路径依赖性。不同的企业，成长环境不同，发展历程不同，其核心能力也不同。因此，核心能力是把一个企业与其他同类企业区别开来的能力，核心能力的这种异质性决定了企业之间的异质性和绩效差异。企业的战略性资源的独特性至少在一段时间、在现有技术条件下存在。如果竞争者能够找到稀有和不可模仿资源的替代物，那么，战略性资源也就不存在了。例如，沃尔玛开发和运用采购点收集的数据来控制库存，这种技能使自身获得了一种相对于凯玛特（Kmart）的竞争优势。因此沃尔玛的采购点库存控制系统是有价值的、稀缺性的。

企业核心能力应该是企业自身独立思考、创新开发而形成的，这种独创性使企业的核心能力具有稀缺性和价值性，能够为企业带来独特的竞争优势。每个企业的核心能力都有其独特的特点和差异，表现在技术、品牌、管理、营销等多个方面。这种差异性使得企业在市场中的地位和竞争能力也各不相同，形成了多样化的市场格局。企业核心能力应该是该企业在某一领域或某一方面具备领先优势，这种领先优势可能是企业技术创新、品牌价值、管理效率等多种因素的综合作用。这种领先性使得企业在市场中占据优势地位，能够更好地满足顾客的需求，提高市场占有率。

3. 难以模仿性

核心能力应当是竞争者难以模仿（复制和替代）的。同竞争对手相比，本企业的核心能力应当是独一无二的能力。如果它是个别技术和生产技能的一种复杂调和，它将难以模仿。即使竞争对手能得到某些构成该核心能力的技术，但复制内部协调和学习综合模式将更加困难。企业核心能力是企业在长期历史发展过程中逐渐形成和发展起来的，具有较强的路径依赖，尤其是企业文化类资源与企业特有的历史与文化相联系，这类资源无法仿制。所以，任何一个企业都不能靠简单模仿其他企业而建立起自己的核心能力。即使能很快掌握竞争对手的某项技术，也不可能学会内部协调技术和整体配合技术。这是一个长期学习、积累知识与经验的过程。

4. 长期性

核心能力的形成并非一朝一夕的事，它是企业长期累积性学习和集体学习的结果，是通过组织学习和知识共享而缓慢积累起来的，绝不是通过要素市场即刻购买的。刚刚进入市场的企业，一般只具备基本的能力（如果连基本能力都不具备，企业定会早早夭折）。现实中，也许有些企业在开始经营时就获得了超额利润，然而，这种超额利润一定不是核心能力带来的，或者它是由于企业获得了稀缺性资源，因此获得了"李嘉图租金"；或者是因为企业幸运地找到新的市场机会。核心能力是企业在经营实践中，逐渐培育和积累起来的能力。

5. 创造性

企业核心能力是一个企业特有的、别的企业难以模仿、能给企业带来持续竞争优势的能力。它标志着企业过去创新的结果，同时随着企业内外环境的变化，核心能力不可能永久性地保持不变。企业总是处在一个动态变化的环境中，这就要求企业必须不断创新，包括技术创新、观念创新、管理创新等，以保证企业与环境的协调一致。可以说，企业的创新能力是核心能力的核心。

6. 协调性与整合性

企业核心能力的协调性与整合性是指企业通过对内外部资源的协调和整合，形成一种独特的、难以被竞争对手模仿的核心能力。这种核心能力可以使企业在市场中保持竞争优势，实现长期可持续发展。

首先，协调性是指企业能够敏锐地感知内外部环境的变化，并及时做出反应。企业内部各个部门之间需要保持良好的协调性，使得资源能够得到合理的分配和利用，提高整体运营效率。同时，企业与外部环境之间也需要保持良好的协调性，包括与供应商、销售渠道、政府部门等的关系，从而及时获取市场信息和政策支持，应对市场变化。

其次，整合性是指企业能够将内外部资源进行有效的整合，形成一种综合优势。企业内部可以通过知识和技能的整合，提高员工的工作效率和创新能力。同时，企业还可以通过与外部环境的整合，获取更多的资源和知识，开拓新的市场和业务，从而实现更广泛的竞争优势。

最后，协调性和整合性的核心能力对于企业的长期发展具有重要的作用。其一，这种核心能力可以帮助企业更好地应对市场变化和竞争压力，保持稳健的发展态势。其二，通过协调和整合内外部资源，企业可以提高运营效率和市场响应速度，降低成本，提高收益。其三，这种核心能力可以促进企业创新和升级，实现更高层次的竞争优势。

二、核心能力的内在逻辑

企业核心能力的内在逻辑主要指企业战略整合能力、组织整合能力和技术整合能力三个方面。

（一）战略整合能力

战略整合能力是企业整合外部环境网络的知识与技能的集合，主要是企业对环境的认知与反应能力，即识别社会与技术发展动态，积极利用政府政策，整合供应商、用户、竞争对手、大学、研究所，并与它们进行有效合作，营造对企业有利的企业生态环境的能力。环境的网络化趋势日益明显，社会网络观被引入研究之中。对环境网络的整合是竞争优势的重要源泉。战略整合能力包括政策整合能力、竞争环境整合能力、技术环境整合能力、战略营销能力、战略预测能力、战略领导能力。

（二）组织整合能力

组织整合能力是指企业对内部网络的整合能力，包括职能网络、子企业或事业部网络。企业获得有效率、有效益的内部协调和整合是非常重要的。根据整合的范围与性质的不同，组织整合能力可以分为职能能力、子企业/事业部能力、功能之间的界面整合能力、子企业/事业部之间的界面整合能力、内部管理意识、核心人才管理能力六个方面。

（三）技术整合能力

技术整合能力是企业整合各种技术单元的知识与技能的集合。技术整合能力可以分为学科整合能力、单元技术整合能力、产品整合能力。学科整合能力就是在各相关学科方面的能力以及整合这些学科的能力。单元技术整合能力就是在各相关单元技术方面的能力以及整合这些技术流与相关技能的能力。产品整合能力就是相关学科、技术、技能融合到产品与产品子系统中的能力。

三、企业核心能力的管理

企业培育和构建自身的核心能力包含多方面的因素，要解决的问题很多。企业应重视和理解有关核心产品、核心技术、市场运作一体化，保障能力的发挥和实施多角化经营应该注意的相关问题，并以此出发来优化、培育和构建各种相关的资源能力的体系。

（一）管理内部核心能力

核心能力的内部培育主要指合理利用和依靠企业自身的内部资源优势寻求扩大发展的战略。衡量企业核心能力的主要因素有企业的核心产品与核心技术，因此，建设核心产品和核心技术是十分必要的。

1. 核心产品

企业核心能力和核心产品是相互关联的，它们都是企业持续竞争优势的重要来源。核心能力是指企业独有的、能够支撑企业长期竞争优势的能力，而核心产品则是企业核心能力的载体。

核心能力是企业独有的、不易被竞争对手模仿的能力，它能够使企业在某个或多个领域获得持续的竞争优势。核心能力可以是企业的技术能力、创新能力、品牌影响力、渠道管理能力、服务能力等，它是企业长期积累的结果，具有独特性和难以模仿性。

核心产品则是企业核心能力的具体体现，它可以是企业的主打产品或主打服务的核心部分。核心产品应该具有独特性和竞争优势，能够体现企业的核心能力，并满足顾客的需求。核心产品的成功推出和销售，可以帮助企业进一步巩固和发展其核心能力。

核心产品是获得核心竞争力企业的表现形式，是核心能力有形产品的物质体现。普拉哈拉德与哈默尔在其《企业核心竞争力》中指出："识别核心竞争力与最终产品之间明显联系的即人们所称之为的核心产品，一个或一个以上核心竞争力的物质表现。"他们认为，本田企业的发动机是其核心产品，因为那是企业设计与研发技术之间的关键，也是企业在市场上具有优势能力的关键。一般来讲，具有一定规模的企业都不止一种最终产品，或一种核心能力，而代表企业核心竞争力的产品随着企业核心能力的增加与提升，会在一至二个，及以上的核心产品或服务上表现出来。企业的核心产品在企业所占的市场份额和企业所生产制造的份额均占有优势。

企业核心能力和核心产品是相互关联、相互促进的。通过不断提升核心能力和开发核心产品，企业可以不断保持竞争优势，并在市场中获得更好的业绩和表现。

2. 核心技术

核心能力强调技能和技术。技术的发展和进步是企业竞争力的主要源泉，技术创新对企业的核心能力有着特殊的贡献，是培育企业核心能力的重要途径。

核心技术创新的主要工作是研究开发。通过研究开发将技术转化为实际成果，从而使企业获得新技术、新工艺、新产品、新市场、新材料等发展所需的新的资源。这类资源不断积累形成优于竞争对手的技术优势，再通过企业的技术管理活动，不断整合，逐渐演化为企业的核心专长和核心技术，使企业拥有技术核心能力。

核心技术对于企业核心能力具有重要的作用。首先，核心技术是企业核心能力的关键组成部分，没有核心技术，企业就难以形成独特的竞争优势。其次，通过持续的技术创新和研发，企业可以不断优化和完善自身的核心技术，进而提升其核心能力和竞争力。同时，核心能力又不完全等同于核心技术。核心能力不仅包括企业的技术能力，还包括企业的管理、市场、服务等综合能力，它是企业多方面能力的综合体现。因此，企业要想保持长期竞争优势，不仅需要拥有独特的核心技术，还需要不断提升自身的核心能力，以适应市场的变化。

综上所述，核心技术对于企业核心能力具有重要的支撑作用，但核心能力又不完全等同于核心技术，它还包括企业的多方面能力。通过不断发展核心技术和提升核心能力，企业可以保持长期竞争优势，并在市场中获得更好的经营表现。

3．内部整合

内部整合是指企业通过内部资源、流程和文化的整合，形成一种独特的、难以被竞争对手模仿的核心能力。这种核心能力可以使企业在市场中保持竞争优势，实现长期可持续发展。

内部整合主要是单个企业内部资源的调整和优化配置，工作重点是企业内部职能部门间的职能活动整合。整合可以促进企业把在分权管理实践中形成的管理经验升华为企业的管理基础，从而促进企业能力的积累和核心能力的培育。

内部整合可以从多个方面构建企业核心能力。首先，加强企业技术创新是建立核心竞争能力的关键。通过内部研发、人才培养、引进关键技术人才、购买专有技术等手段，企业可以形成独特的技术优势，从而在竞争中处于领先地位。其次，提高企业管理效率能为核心能力的构建提供强大的制度保障。通过优化内部流程、提高产品的性价比、提供独特贴心而优质的客户服务等手段，企业可以形成独特的管理优势，从而在市场中获得更高的收益。

内部整合可以帮助企业实现资源整合和优化。企业可以通过内部资源整合，实现资源的最大化利用和共享，降低成本，提高效率。同时，通过对内部流程的优化，企业可以更好地实现业务协同和信息共享，提高企业的整体运营效率和市场响应速度。

内部整合可以促进企业文化的形成和传承。通过内部整合，企业可以形成独特的价值观和企业文化，从而影响员工的行为和工作态度。而积极向上、团结协作的企业文化可以激发员工的创造力和工作热情，为核心能力的形成提供强大的人力资源保障。

内部整合是构建企业核心能力的重要途径之一。通过加强技术创新、提高管理效率、实现资源整合和优化，以及促进企业文化的形成和传承，企业可以形成独特的内部优势，从而在市场中保持长期竞争优势。

（二）管理外部核心能力

1. 企业合作

企业在发展的过程中存在多种合作形式。双方或多方就共同致力于企业的生产与经营发展，在市场上相互支持、取长补短以取得最大组织利益，都应该属于合作的范畴。合作是战略管理工具中重要的竞争方式之一，在当今全球化趋势日益加快的背景下，对于资源能力相对不足的企业来说尤为重要，这些企业可以与其他企业建立起合作关系而实际资源互补，互惠互利，以增强企业竞争的优势，实现企业经营目标。

通过企业合作，各方可以获得更多的资源和能力，从而提升自身的核心能力。例如，通过与供应商、销售渠道或研发机构的合作，企业可以以更好的产品、更低的成本或更快的研发速度，提升自身的竞争力和取得更大的市场份额。

企业合作可以帮助企业实现优势互补。每个企业都有自己的优势和劣势，通过合作，企业可以相互利用各自的优势，实现互利共赢。例如，一个企业在研发方面很强，而另一个企业在生产方面很强，通过合作，两个企业可以共同研发和生产出更好的产品，提升自身的核心能力。

企业合作还可以帮助企业降低风险和成本。通过与合作伙伴共同承担风险和成本，企业可以降低自身的风险和成本，提高投资回报率。例如，通过与合作伙伴共同开发新市场或新产品，企业之间可以分担风险和成本，提高成功率和收益。

企业合作与企业核心能力之间存在着密切的关系。通过合作，企业可以获得更多的资源和能力，实现优势互补，降低风险和成本，从而提升自身的核心能力和竞争力。

2. 战略联盟

在当今不确定的环境下，任何企业都不可能在所有方面占据优势，为了赢得竞争，必须摒弃过去从研发设计到制造销售、从原材料半成品到成品发货，都由自己承担的"纵向一体化"模式，转而选择在某些方面具有优势的企业进行横向合作的模式，也就是战略联盟。战略联盟的特征是企业寻求战略合作，一般来讲，寻求的合作伙伴均为在企业性质和产品特性方面具有相似性和关系相近性的企业。

战略联盟的主要优点包括能够加快研发速度、分担风险、获取互补资源、实现规模经济和市场份额等。联盟协议通常涉及研发、生产、销售和市场等多个领域。联盟的形式既可以是股权式，也可以是非股权式。

战略联盟也存在一定的风险和挑战。首先，联盟管理的不善可能导致合作效率低下，甚至导致合作失败。其次，由于联盟的各方是独立的实体，可能存在信息不对称、不透明等问题，需要加强风险管理。此外，联盟的各方可能存在文化差异和利益冲突，需要建立良好的沟通机制和协调机制来解决。

建立战略联盟需要具备一定的前提条件。首先，联盟的各方需要具有共同的战略目标，并且在这个目标上能够实现优势互补。其次，联盟的各方需要能够共担风险、共享利益，形成一个长期的、互利的合作关系。此外，联盟的各方还需要具有良好的沟通和协调能力，以便在合作过程中有效解决问题。

企业战略联盟是一种重要的战略合作方式，可以帮助企业实现特定的战略目标，提升竞争力和市场份额。但是，建立和维持战略联盟也需要良好的管理和协调能力，以及诚信、互利、共赢的合作理念。精准的战略联盟可使企业获取互补资源，增强核心能力；获得学习机会，培育新的核心能力；提高规模经济和实现范围经济，拓展核心能力；降低投资风险，保护核心能力；有利于技术创新，培育、巩固和提升核心能力。

第三章　企业运营支撑体系管理研究

　　企业的运营是以机器设备、厂房、原材料等物质资源为支撑的，企业运营过程是以物质基础设施和物质流管理为主线的过程。网络经济时代企业资源基础发生了变化，知识以及知识的载体——员工在生产产品和服务过程中起着越来越重要的作用，以知识资源为代表的无形资产成为企业依赖的核心资源，企业管理要求围绕员工、信息和知识开展管理。传统物质型经济将逐步向现代化的以信息产品的生产、交流、利用和消费为特征的信息型经济转变。为适应客户需求与市场竞争的复杂性，要求企业建立系统整合与集成一体化的运营管理体系。管理越复杂的企业，越要求有新的运营模式和高度的系统整合，这要求向组织传输更多的信息。

第一节　基于信息资源导向的运营支撑体系

　　经济全球化进程不断加快和企业竞争的加剧，使得企业要生存发展，就必须提升自身的市场竞争能力，建立对市场快速应变的机制，信息化自然就成为企业选择的一种手段。企业作为国民经济的基本单元，其信息化程度是国家信息化建设的基础和关键。在整个社会的信息化进程中，企业信息化是其中最重要的组成部分。企业信息化有两个重点：一个是知识管理，另一个是提高运营效率。前者的主要任务是将隐性知识显性化，然后实现在组织内的传播和共享，提升组织的创新能力。后者的主要任务是提高运营系统响应顾客需求的速度和增强按需定制的能力，这是提升企业核心竞争能力的两个关键领域。要实现精准型运营管理模式，必须以信息资源作为企业运营支撑的核心资源。

一、信息与信息资源导向

（一）信息

　　"信息"是个古老而又现代化的概念。目前，学术界对"信息"的概念还没有一个公认的定义，信息通常作为消息、情报、数据、知识及信号的统称。随着科学技术的发展，人类对信息的利用越来越广泛，对信息的概念的认识也越来越深刻、定义也越来越趋于统一。现在，比较普遍的观点是：信息是事物本质、特征和运动规律的反映，是事物存在的方式、形态和运动规律的表征，是事物具有的一种普遍属性，它与事物同在，存在于整个自然界和人类社会。日出、月落、花谢、鸟啼，以及气温的高低变化、股市的涨跌等，都是信息。我们可以从三个方面理解信息的含义：一是信息反映了客观事物的状态以及客观事实。二是信息必须被接收者理解并促使其做出决策，才具有其价值。三是信息是一种经过加工处理的数据。从以上可以看出，信息是指导人们展开实践的依据，是人们对资源的一种认知和理解，也是人们对客观世界的认识与概括。按照信息的应用领域分类，可以把信息分为管理信息、社会信息、科技信息、军事信息、文化信息等。

管理信息是在企业经营管理活动过程中发生的，是经过采集、加工、处理后对管理者决策产生影响的各种信息。企业中的管理信息表现形式繁多，如合同、订货单、发票、报告、报表、单据、进度表、计划书、协议、标准、定额等。

（二）信息资源导向

信息资源导向是指社会经济的发展从以物质与能量为经济结构的重心，向由工业社会向信息社会演化的动态过程。它反映了从有形的物质产品起主导作用的社会到无形的信息产品起主导作用的社会的转型。在这个转化的过程中，信息技术逐渐成为社会主导技术，信息产业逐渐成为社会主导产业，信息资源得到重视和充分的利用。

二、信息资源导向的意义

从宏观上看，企业信息资源导向是国民经济和社会信息化的重要组成部分。而推进企业信息化是实现我国生产力跨越式发展的有效途径，是促进国民经济增长的有效措施，有利于节能降耗，有利于应用信息技术改造提升传统产业，催生新兴产业，促进信息产业发展。对于企业自身而言，信息化对企业的意义在于以下三个方面：

（一）信息资源导向是企业实现快速发展的前提条件

信息资源导向可以帮助企业实现快速发展。企业存在的目标就是追求利润最大化，它们都渴望自身快速发展。企业开展信息化，可以利用它得到行业信息、竞争对手信息、产品信息、技术信息以及销售信息等，同时也可以及时对这些信息进行分析，做出积极的市场反应，达到企业迅速发展的效果。

（二）信息资源导向有助于企业实现经营方式的转变

传统的加工业离不开生产和销售，传统的零售业也离不开供、销、存。但在信息化发展的今天，这些关键环节都可以借助信息化去实现。同时，企业开展信息化可以派生其他新型的销售手段。美国亚马逊书店尝试在网上销售图书并获得成功，在传统经营的基础上开辟了一些企业营销新模式。

（三）企业开展信息资源导向有助于提升管理水平

企业信息化的开展使信息资源在企业内部得到共享，有利于理顺和提高企业的管理，实现企业的有效管理。企业信息化还可以使原始信息在从传递到决策的过程中，反馈时间大幅缩短，决策层与基层、各部门之间的沟通更加快捷，管理更加直接。信息化在管理中发挥作用，拉近了管理层与各基层之间的距离，能够促进企业组织结构变革，实现组织"扁平化"发展。

此外，企业开展信息资源导向还可节约运营中的各项业务成本，并大大提高工作效率，增加企业利益。企业信息化可以使企业降低库存，节约占用资金，节约生产材料，降低生产成本，还可以加速资金流在企业内部和企业间的流动速率，实现资金的快速、重复、有效地利用，降低资金成本；通过信息技术的使用，可以促进企业及个人生产率的提高，降低成本，进而提高企业效益。

三、信息资源导向的运营支撑体系结构

网络经济时代的全方位运营管理体系的资源基础必须以资源为导向，核心的支撑是信息资源、知识资源和以知识工作者为主体的人力资源。信息资源管理主要是将企业的运营数据转化为信息并为企业的运营目标服务，"企业要具备动态柔性能力，就要少依靠尖端设备，给企业全面利用流程和产品方面的学习过程留出更多空间学习所依赖和产生的信息基础是不断扩大的，企业需要获得的动态柔性能力必须建立在这样的信息和知

识基础之上。系统的柔性和企业的决策自由度必须随着企业的信息和知识基础的扩大而增加"①。信息资源是企业精准型运营管理模式的资源基础。知识资源管理是将信息资源转化为知识,并用知识来提升组织的应变能力和创新能力。人力资源管理就是如何建立对知识工作者的有效管理与激励机制。

四、企业资源核心转移

对企业所拥有的一切,我们习惯称为企业资产,很少称为企业资源,并按照会计制度的要求对资产进行管理。这是因为企业资产在法律上可以明确其归属,而资源却没有明确的法律归属定义。传统上,我们将设备、土地、资源、厂房以及作为物质个体的人等资产视为最有力和最有形的资源,其实这只不过是企业物质资源的一部分。除此之外,物质资源的第二种形态是金融资产资源,包括银行存款、各种投资、有价证券和应收款项等。

企业在运营过程中产生现金流,并在市场竞争中开展融资、投资活动,兼并、收购、销售信贷等都是涉及企业金融资产资源的运作活动,管理好金融资产是一项十分重要的任务。组织性资源是一种无形资源,包括组织结构、组织制度、组织文化,企业的组织结构和组织制度是企业在竞争和发展过程中逐步演变形成的,合理的组织结构和管理制度是企业的竞争力,包括组织结构、规章制度、市场开拓与培养体系、信息管理系统、人力资源开发与培训系统、客户服务系统等。其中,人力资源是企业中绝大多数无形资源的载体,因此,人力资源是企业的灵魂。

企业之间的竞争在很大程度上是一种信息竞争。企业不仅要适应市场,而且要创造市场。信息资源也是无形资源,包括企业内部系统和外部环境的各种信息,如技术信息、市场信息、企业决策信息、生产信息、供应信息。信息资源是运营的基础和核心,企业的资源支撑体系必然从有形的物质资源为导向转变为以无形的信息资源为导向,只有这样,通过吃透市场信息,包括需求、供给、价格、市场环境、政府政策、竞争对手等多种信息,在激烈的市场竞争中做出正确的、灵活的反应,才能真正提升企业的竞争力。

---

① 陈红斌,黄卫伟.运营模式与信息强度[J].中国人民大学学报,2003(2):95-102.

第二节　信息资源和管理支撑体系

工业经济时代，生产三要素是资本、劳动力和土地，而在知识经济时代，信息成为企业管理必不可少的要素。如何搞好信息管理，最大限度地支持企业的计划、组织、领导、控制等各项管理职能，提高企业经济效益和竞争能力，是企业管理领域的重要内容。

一、信息资源的概念

未来的企业是信息的企业，企业的资产和生命力将决定企业所拥有的信息。如何管理庞大、复杂而且分散的企业信息，如何使企业能够快速地根据市场进行调整，充分而有效地利用企业信息进行决策，成为企业运营支撑体系要解决的首要问题。当然，我们必须说明一点，信息在任何经济时代都起着十分重要的作用。但因为信息在农业经济和工业经济中产生、传播和使用的速度缓慢，故其整体作用较小，而在网络经济时代，信息则起着关键性和决定性的作用。需要说明的是，信息资源管理（Information Resiurce Management，IRM）是一门专门的学科，鉴于本书的研究目的，我们对信息和信息资源不做学术上的概念区分，只是简单地认为，信息作为一种资源，是支撑企业精准运营的核心资源要素。

管理信息能够反映企业生产经营活动在空间上的分布情况和实践上的变化程度，从不同的角度描述了企业的外部环境、内部能力及其利用过程和目前状况，可以帮助人们揭示企业经营及其环境变化的规律。管理信息广泛地存在于企业的经营活动及其相关环境中，随着这种活动的进行而不断地产生和改变。

二、管理信息系统

（一）管理信息系统产生的背景

一个组织要在激烈的竞争中保持优势和不断发展，必须对迅速变化的环境做出灵敏的、有效的反应。管理信息系统的应用能够提供这种有效的决策支持。管理信息系统（Management Information System，MIS）是为了适应现代化管理的需要，在管理科学、系统科学、信息科学和计算机科学等学科的基础上形成的一门学科，它研究管理系统中信息处理和决策的整个过程，并探讨计算机的实现方法。

近年来，人们逐渐认识到信息是一种资源，必须把这种有价值的资源加以利用，不能浪费。在竞争激烈的环境里，管理人员和行政首脑必须有效地利用信息，不然就难以立于不败之地。过去，管理人员仅仅把计算机看成省钱的工具，而现在，计算机被看成创造利润的工具。面对越来越多的信息资源和越来越复杂的企业内外部环境，企业有必要建立高效、实用的管理信息系统，为企业管理决策和控制提供保障，这是实现管理现代化的必然趋势。

（二）管理信息系统的概念

管理信息系统是以计算机为主体、以信息处理为中心的综合性系统。随着通信技术、网络技术、数据库技术及软件工程等技术的飞速发展，管理信息系统成为计算机技术的重要应用领域。

管理信息系统是建立在科学管理、计算机和现代通信理论与技术基础上，为管理服务的综合性信息系统，是一个由人和计算机等组成的，能进行管理信息收集、传递、存储、加工、维护和使用的系统。随着计算机网络和通信技术的发展，管理信息系统不仅能把组织内部的各级管理联结起来，而且能克服地域差异，实现不同地区的计算机互联，形成跨地区的各种业务信息系统和管理信息系统，从全局出发辅助企业进行决策，利用信息控制企业的行为，帮助企业实现其规划目标。同时，管理信息系统能够利用各种定量化数学模型，通过预测、计划、管理、调节和控制等手段来帮助企业进行决策。

（三）管理信息系统的组成

管理信息系统由设备、数据资料、系统工作规程、工作人员四个部分组成。

1. 设备

设备主要包括硬件设备和软件设备。硬件设备包括实现数据传入、处理、存储、输出等功能的计算机设备以及数据的采集和网络通信设备等。软件设备是指计算机系统赖以运行的程序系统和运行资料、规程的总体。

2．数据资料

数据资料是指按一定组织结构存储起来的各种原始数据和信息。

3．系统工作规程

系统工作规程是指保证信息系统正常运行的各种工作指导手册、说明书、操作规程等。

4．工作人员

工作人员主要是指直接从事系统维护、运行及系统开发研制的人员。

三、企业管理信息化

对于什么是企业管理信息化，目前国内还没有统一的、权威性的定义。笔者认为，较为通俗的解释是指在企业管理各环节（订单、采购、库存、计划、生产计划、质量控制、运输、销售、服务、财务管理、人事管理、办公管理、后勤管理等）中充分应用现代信息技术，对企业生产、经营和管理流程进行全方位改造，以实现资源的优化配置。

企业管理信息化是企业信息化的一个重要组成部分，是企业信息化的核心，也是目前我国企业信息化的主要内容。正如我们在上节所讲述的，从广义上说，企业信息化包括生产过程信息化、产品设计信息化（这两部分也统称企业业务信息化或企业技术信息化）和企业管理信息化。而从狭义上来说，我们现在通常提到的企业信息化指的就是企业管理信息化。

企业管理信息化的核心是实现企业原材料采购、生产调度、市场分析、计划安排、库存处理、成本核算、劳动工资、产品营销等管理全过程的数字化、电子化，其目的是"不断提高企业管理的效率和水平，进而提高企业经济效益和竞争能力"，而实现该目的的工具就是信息技术。

四、企业管理信息化建设

（一）信息系统建设的前提

企业的管理和 IT 正在走向融合，管理本身就是对信息的处理过程。信息系统的建设包括三个部分的内容，分别是管理模型、信息处理模型、系统实现条件，我们在信息系统建设的实践中，对信息处理模型研究投入的时间和资金是巨大的，而对管理模型、系统实现条件的研究明显不足。在信息系统开发过程中必须强调以下四个基本观点：

1．面向用户的观点

信息系统最终是为广大用户服务的，系统使用者是高层领导和各层管理人员，信息系统成功的标志是看它能否满足用户所提出的各类信息需求，看用户对其是否满意而不是信息系统开发研制人员对其是否满意。信息的开发应该按照用户的要求，恰到好处地为用户提供信息服务。

2．系统完成研制工作

无论是认识还是设计，按照系统的观点，都要先考虑全局，先了解宏观问题，弄清系统的边界、主要功能需求、主要组成部分及各个部分之间的连接关系，在保证全局的正确性、合理性的前提下，考虑各个组成部分内部的细节问题，即先全局后局部。

3．各阶段确立明确目标

无论是大型还是小型信息系统，在其开发过程中都要严格区分工作阶段，明确规定每个阶段的任务和成果，并制订出各个阶段的目标和评价标准，以此来对阶段性成果进行评审，从而保证系统开发质量。

4．充分考虑变化的情况

系统内部的管理模式、管理内容等需要不断变化，这种变化必将导致对信息需求的变化。因而要求信息系统能够快速适应这些变化，要求信息系统要具有应对各种变化的能力，使自身立足于不断变化的社会环境中并求得生存和发展。

（二）企业管理信息化建设

开展企业信息化工作是一项复杂的系统工程，它既需要大量的软件和硬件设备投资，又需要人力、物力、智力的投入；不仅需要对企业的业务流程进行重组，必要时还需要对企业的组织结构进行改造，需要做长期艰苦的工作。企业管理信息化建设具体包括以下七个方面：

1．企业业务管理信息化

企业业务管理信息化是我们现在一般意义上的企业管理信息化，是企业信息化中应用最广的。实现企业业务管理信息化的软件主要包括现在流行的企业资源计划、供应链管理（Supply Chain Management，SCM）、客户关系管理（Customer Relationship Management，CRM）等软件。在企业管理活动的各个环节中，要充分利用现代化信息技术，建立信息网络系统，实现对企业信息流、资金流、物流、工作流的集成和综合，促进企业管理资源的优化配置，提高企业管理效率和水平，实现企业内部业务管理信息化的主要产品有企业办公自动化系统、企业人力资源管理系统、企业进销存管理系统、企业财务管理系统等。

实施企业信息化建设，必须转变经营理念，再造业务流程，改革不合理的管理架构和制度。在企业人工的管理活动中，由于过去强调职能部门，不强调流程，所以从未有人对流程负责，致使不合理的流程比比皆是，影响了企业的整体绩效。所以，在实施企业信息化建设时，要根据现代化信息技术信息处理的特点，对企业现有流程进行重新设计，以提高企业运行效率。

2．企业行政管理信息化

企业行政管理信息化是实现企业行政管理部门管理的数字化、信息化，主要有办公自动化、财务管理信息化、人力资源管理信息化、后勤管理信息化、考勤管理信息化等。

3．企业商务管理信息化

随着以互联网为代表的信息技术的发展和企业信息化的深入，企业的商务活动也出现了电子化趋势：企业除了利用网络环境在网上进行电子交易，还能够利用网络环境进行其他商务活动，如商品管理、客户管理、市场分析、商务决策和组建虚拟企业等。企业商务信息化涉及的系统有电子商务系统、供应链管理系统、客户关系管理系统和协同商务等。

4．企业运行平台信息化

企业信息化不是空中楼阁，需要构建一个坚实的运行平台。运行平台是指企业管理信息化赖以运行的软硬件环境。它包括两个方面：一是计算机硬件环境。二是运行管理系统的软件环境，包括操作系统、数据库管理系统等。

5．人员培训组织信息化

企业信息化的建设，需要先建立信息工作的机构，负责企业信息化建设，进行培训，提高人员素质。当前，大多数企业经营者和员工素质不能适应信息化建设的要求，培训是提高企业整体素质、推进企业信息化的基础工作。培训的目的有两个：一是使员工接受信息化管理的理念，为企业信息化奠定理论基础。二是使员工会使用计算机，为信息化建设奠定应用基础。只有这样，才能使企业信息化走上良性发展的道路。因此，对于理论的培训，应该在信息化实施前进行；而对于应用部分则应在信息化建设时及时培训。

6. 开发适当的信息化管理软件

信息化所包容的内容极为宽泛，不同的行业类型、不同的企业特征，信息化的起点选择都会有所不同，但在运作细节上，又有共通之处。对制造行业来说，部署和应用 ERP（Enterprise Resource Planning）系统是较为现实的选择。

7. 企业产品制造信息化

运用信息技术手段优化产品设计、工艺、制造和质量管理，通过先进的计算机技术与科学的管理思想、方法的完美结合来提升生产管理水平，是推进企业信息化的重要内容。

（三）信息管理的缺点

尽管管理等级体系是一种有用的信息系统，但它也存在缺点，具体表现在以下三个方面：

（1）如果一个组织划分为多个管理层次，那么，信息向上层传递和决策向下传达就要花费很长时间，而这种缓慢的速度将会降低信息的及时性和有用性，使组织无法对变化的市场环境做出快速反应。

（2）信息从一个管理层向另一个管理层传递时可能会失真，而信息失真会降低信息的质量。

（3）由于管理者只有有限的控制权限，当一个组织规模变大时，它的管理等级之多、组织结构之复杂，将使等级体系成一种成本极高的信息系统。

第三节　人力资源与管理支撑体系

人力资源是现代企业各种资源中最活跃的要素。人力资源管理随着生产力的发展日益显现出其重要性。在激烈的市场竞争环境中，如何有效地开发、利用人力资源，不断提高企业人力资源管理的质量和水平，已成为企业实现经营目标和可持续发展的重要工作之一。

一、人力资源的概念

1954 年，全球知名的管理学家彼得·德鲁克（Peter F.Drucker）在其出版的《管理的实践》一书中首次提出了"人力资源"[①]的概念，他提出人力资源与其他资源相比拥有独特的"协调能力、融合能力、判断能力和想象能力"，管理者必须考虑人力资源这一"特殊资产"，并且要注意人力资源只能为人力资源所有者自己利用的特性。在此书中，德鲁克虽然提出了人力资源的概念并指出了其重要性，却未对人力资源给出详细的定义。后来不同的学者从不同的角度给出了不同的定义，但并没有统一的看法。企业为实现其预期的目的，必须使用的基本资源，如人、财、物、信息和时间。而这五类资源就其根本性质而言，可分为人与物两大类，财、物、时间和信息都可以归于"物"这一大类，因为它们都是被动的、理性的、"硬"的和"死"的，只有"人"才是能动的、有感情的、"软"的和"活"的。人的因素是难以预计、界定和测量的。但是，在人与物的这一对因素中，只有人的因素才是决定性的，因为一切物的因素只有通过人的因素才能开发利用。据此，人力资源最基础的含义是：能够推动整个经济和社会发展、具有劳动能力的人口总和。人力资源的最基本方面包括体力和智力。如果从现实的应用形态来看，则包括体质、智力、知识和技能四个方面。具有劳动能力的人，不是泛指一切具有一定的脑力和体力的人，而是指能独立参加社会劳动、推动整个经济和社会发展的人。所以，人力资源既包括劳动年龄内具有劳动能力的人口，也包括劳动年龄外参加社会劳动的人口。

二、人力资源的特征

（一）能动性

能动性是人力资源区别于物力资源的一个重要特征，也是人和动物的本质区别。人做任何事情总是有目的的，因此在劳动过程中人力资源始终处于主动地位，这可以有效地对自身活动做出选择，调节自身与外部的关

---

① ［美］彼得·德鲁克. 21 世纪的管理挑战［M］. 刘玉玲，译. 北京：机械工业出版社，2006：184-185.

系。人还是支配其他一切资源的主导力量，不仅可以改变劳动对象，还可以创造和使用劳动工具，从而推动社会的发展变化。物力资源正好相反，它在劳动中处于被改造、被利用的地位，物力资源服从于人力资源。人力资源是主体性资源或能动性资源。主体性或能动性是人力资源的首要特征，是和其他一切资源最根本的区别。

（二）时效性

人力资源是以人为载体的，因此它与人的生命周期是紧密相连的。人能从事劳动、能被开发利用的时间被限制在生命周期的中间一段，当人进入老年期，由于其体力和智力的不断衰退，已不适合劳动，就不能再称为人力资源了。当然，在生命的每个阶段，个体所拥有的人力资源有很大的差异性，在管理上，要把握员工的最佳工作状态，使其发挥最好的作用。

（三）可再生性

人力资源是一种可再生资源，人力资源是基于人口的再生产和劳动力的再生产，通过人口总体内的各个个体不断地替换更新和劳动力消耗—生产—再消耗—再生产的过程实现的。一方面，它通过人类自身的繁衍再生产。另一方面，人可以通过学习、教育或培训得到进一步的提高和再生。人力资源的再生性不同于一般生物资源的再生性，除了受生物规律支配，还受人的意识的支配，受人类活动的影响，受新技术革命的制约。随着知识信息时代的到来和终身学习理念的广泛传播，人力资源的再生性优势越发明显。

（四）双重性

人力资源的双重性表现在人既是生产者，又是消费者。人首先是物质财富的创造者，同时他为了维持生存还必须无条件地进行物质的消费。生产与消费是相辅相成、密不可分的，共同推动社会生产的进一步发展。

三、人力资源管理的内容

人力资源管理的前身是传统的人事管理，人事管理主要进行招聘、培训、考核、工资和福利管理与劳动合同签订等行政方面的管理。1954年，彼得·德鲁克在《管理的实践》中提出的"人力资源"的概念，使人事管理开始向人力资源管理转变。

人力资源管理是指运用现代化的科学方法，对与一定物质相结合的人力进行合理的培训、组织和调配，使人力、物力经常保持最佳比例，同时对人的思想、心理和行为进行恰当的诱导、控制和协调，充分发挥人的主观能动性，使得人尽其才，事得其人，人事相宜，以实现组织目标。

企业人力资源开发的方向和内容取决于企业战略目标。在制订开发计划时应当明确阶段目标和确定开发内容、计划延续时间、地点、形式和技术，确定开发主体、设备和开发评价机构。

确定为实现企业战略目标的培训、开发计划。人力资源管理工作只有与企业的战略目标相结合，并将日常工作融合到业务中，才能创造自身工作的价值。人力资源管理人员，必须为企业的增值服务，为直接创造价值的部门努力创造达到目标的条件，才能赢得相应的尊敬。企业战略目标是长期计划，根据企业所处的发展阶段来确定培训和开发短期计划是十分必要的。

（一）人力资源的规划

西方国家早在 20 世纪初就已逐步进入了科学管理的阶段。管理相对落后是我国企业在世界上缺乏竞争力的一个主要原因。由经验管理模式进入科学管理模式，是我国绝大多数企业改革的基本方向。科学合理的人力资源规划与设计，是进行有效的人力资源管理的基础。人力资源规划必须包含对现有人才档案的调查和分析、对组织发展目标的研究、对现在人才的需求和中长期人才储备的了解，以及对行为的计划、对结果的控制与评价。人力资源规划包括总体规划与业务规划。总体规划是指在计划期内人力资源管理的总目标、总政策、实施步骤和总预算的安排。业务规划则是总体规划的展开和具体化，包括人员补充计划、分配计划、提升计划、教育培训计划、工资计划、保险福利计划、劳动关系计划、退休计划等。这些业务规划围绕总体规划展开，其最终结果是保证人力资源总体规划的实现，是总体规划的具体化。

人力资源规划是预测未来企业的任务和环境对企业的要求以及为完成这些任务和满足这些要求而提供人员的过程。它是将企业战略和目标转化为对人力资源的需求，从企业整体的超前和量化的角度分析和制定企业人力资源管理的一些具体目标。

（二）企业员工的招聘和培训

员工招聘与选拔是企业为了发展的需要，向外招收、选拔具有劳动能力的个体的全过程。这是"获取"这一人力资源管理基本功能的具体实现。企业的员工招聘是组织获取人力资源的活动，它是按照组织的战略要求和人力资源规划将合适的人选招聘到组织，并安置在适当的位置。招聘的程序如图 3-1 所示。

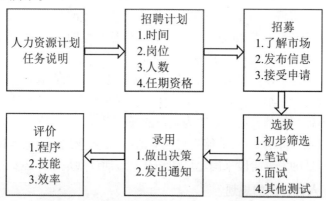

图 3-1　企业员工的招聘程序

企业员工的招聘方式一般有内部招募和外部招募。内部招募的方法：查阅档案资料、发布招募广告和管理层指定三种正式形式。此外，员工也常常通过非正式系统成为空缺职位的候选人，如上司、同事简单的口头要求等。企业内部候选人的来源主要有新雇佣和召回以前的雇员等。外部招聘的方法：通过中介机构来甄选员工，企业向介绍机构提出用人要求，介绍机构就可以根据要求提供求职者简历等资料。外部招聘的人员来源较多，如熟人介绍、上门自荐、职业介绍等中介机构介绍、合同机构和学校推荐等。外部招聘的典型事例是思科系统公司，采用推荐方式，该公司大约 10% 的应聘者是通过员工互相介绍来的。思科系统公司有一项特别的鼓励机制，鼓励员工介绍别人加入思科系统公司，介绍一个人来就有一个点数，每通过一道关又有一个点数，如果最后被雇用，介绍人还有一笔奖金。

如果要在竞争激烈的市场经济中实现企业的快速发展和高效率运作，就一定要拥有高素质的员工，而员工的培训与开发则是提高员工素质的重要手段。

员工培训就是给新员工或现有员工传授其完成目前或未来工作所必需的知识、技能及态度。组织通过培训来提高员工的工作技能与工作热情，以达成组织的经营目标。从组织方面看，员工培训就是要把员工知识、能力不足或员工态度不积极而产生的机会成本的浪费控制在最低限度；从员工个人方面看，通过培训可以提升自身的知识水平和工作能力，达到员工自我实现的目标。一般企业培训和开发的内容有以下两点：

1. 销售培训

销售培训的内容是针对新上岗的销售人员的基础知识和基本技能的培训。例如，对新上岗销售人员的培训内容包括产品知识、目标消费群、销售信心、企业文化和团队精神等。开发培训则针对的是有一定销售经验的人员，内容是销售水平和服务质量超过销售指标规定的内容所需要的知识、技能、态度和良好的工作习惯。例如，客户的异议、质询、抱怨和投诉的应对技巧，销售群拓展方法，提高客户稳定率和忠诚度等。

2. 职能部门人员的培训

职能部门工作人员的培训和开发主要包括基本培训、专业培训和潜力开发。基本培训是指职能部门人员接受公司背景、公司战略目标、公司文化、公司制度、相关生产知识、工作方法和工作习惯等方面的培训。专业培训是指员工在接受基本培训之后需要到大学和专业培训机构进一步学习，以获得专业资格认证。潜力开发阶段是指在职能部门人员获得专业资格认证和积累一定经验的前提下，可以采用工作轮换、工作扩大化、工作丰富化或任务型团队等方式为开发人员潜力创造环境和条件。管理人员的培训和开发包括管理理论知识、观念、态度、意识和人际关系等。

（三）人力资源管理信息化

人力资源管理的主体是人，管理是人的思维过程，实际的思维过程就是信息的加工和处理过程。从我国改革开放以来企业管理的实际需要和全球化进程中的激烈竞争中可以看到，管理信息化是企业发展和增强竞争能力的基础条件。人力资源管理信息化的实施，需要做到以下三点：

1. 创建新的培训方式

通过培训，不仅能使人力资源管理者掌握先进的人力资源管理思想和管理方法，提高工作效率，而且使人力资源部门的管理职能重心转移到人力资源战略管理上来，他们掌握了人力资源管理信息系统的原理及使用方法，能最大限度地发挥人力资源管理信息化的作用。

2. 更新观念，转变职能

企业要通过实施人力资源管理信息化来提升企业的人力资源管理水平，

进而利用人力资源管理来提升企业的竞争力，赢得竞争优势，必须从战略性角度改变人力资源管理部门的管理职能。

3. 建立人力资源管理组织结构

企业实施人力资源管理信息化的目的之一就是要改变以前决策滞后、效率低下的状态，建立信息流畅、决策迅速、管理高效的人力资源管理体系。在市场经济环境下客户导向的人力资源管理能使人力资源管理提升到战略的高度。企业高层人力资源管理者应将人力资源管理作为一个战略性的职能，把企业高层管理者、中层管理人员和员工当作自己的客户，并根据客户需求界定人力资源管理的业务内容，如图 3-2 所示。

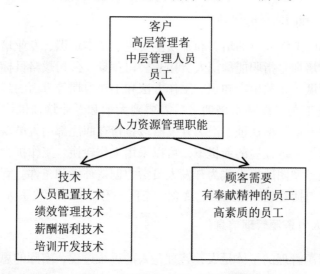

图 3-2　顾问导向的人力资源管理

（四）绩效管理

对一个组织而言，绩效有两层含义：一是组织的绩效，即组织在被评估期间其数量、质量、效率、效益等方面各任务指标的完成情况。二是员工的绩效，即员工被评估期间，其行为、态度及工作结果等方面在一定环境中的表现程度和效果。

按照企业核心竞争能力的要求，正确认识和处理企业运营过程中企业发展与员工发展的关系，建立基于人力资本理论的人员管理体系，从企业发展战略与员工职业生涯规划的高度，使企业发展与员工个人发展协调、统一，形成利益共同体；正确认识和处理企业知识资源，建立基于知识资本理论的企业知识管理体系，真正让知识发挥作用、产生效益。知识管理本身不是目的，使知识产生经济效益和社会效益，成为企业核心竞争力的来源才是目的；正确认识和处理员工与知识、员工管理与知识管理之间的关系，关键在于建立合理的绩效评估与激励制度，使价值创造、价值评估和价值分配过程统一起来，从而使个人知识变成组织知识，保持企业的可持续发展，使组织不会由于员工的流失而造成组织知识的流失、组织记忆的消失、组织能力的丧失，保持企业的持续发展。绩效管理对于员工、企业的发展具有重大的作用。

1. 绩效管理促进组织绩效和个人绩效的提升。绩效管理通过设定科学合理的组织目标、部门目标和个人目标，为企业员工指明了努力方向。管理者通过绩效辅导、沟通及时发现下属工作中存在的问题，给下属提供必要的工作指导和资源支持，下属通过工作态度及工作方法的改进保证绩效目标的实现。

2. 绩效管理促进管理流程和业务流程的优化。企业管理涉及对人和事的管理，对人的管理主要是激励约束问题，对事的管理就是流程问题。在绩效管理的过程中，各级管理者都应从企业整体利益及工作效率出发，尽量提高业务处理的效率，使组织运行效率逐渐提高，在提高组织运行效率的同时逐步优化企业管理流程和业务流程。

3. 绩效管理保证组织战略目标的实现。企业一般有比较清晰的发展思路和战略，有远期发展目标及近期发展目标，在此基础上根据外部经营环境的预期变化及企业内部条件制订年度经营计划、投资计划，在此基础上制订企业年度经营目标。企业管理者将企业的年度经营目标向各个部门分解就成为部门的年度业绩目标，各个部门向每个岗位分解核心指标就成为每个岗位的关键业绩指标。

（五）薪酬管理

通俗地理解薪酬，就是员工为企业提供劳动而得到的货币报酬与实物报酬的综合，包括工资、奖金、津贴、提成工资、劳动分红和福利等。在通常情况下，我们可以将报酬划分方法分为两类：一类划分方法是将报酬分为经济报酬和非经济报酬。经济报酬是指可以用货币的形式表现出来，或者是能够以货币来衡量的报酬；而非经济报酬是指不以货币形式表现，同时也不能用货币来衡量的报酬。经济报酬和非经济报酬又可以综合为员工为企业提供劳动而得到的货币报酬与实物报酬，包括工资、奖金、津贴、提成工资、劳动分红和福利等。另一类划分方法是将报酬分为外在报酬和内在报酬。这两种划分方法见表3-1。

表 3-1 报酬的构成

	外在报酬	内在报酬
经济性报酬	直接报酬：工资、津贴、奖金、分红、股权和期权 间接报酬：保险、保健、住房、休假、加权、员工服务等福利	
非经济性报酬	配备私人秘书 优越的办公条件 显赫的职位	参与决策 挑战性或感兴趣的工作 领导和同事的认可 重要地位 学习、提高的机会 多元化活动 就业安全保障

薪酬管理是指一个组织针对所有员工所提供的服务来确定他们应当得到的报酬总额、报酬结构和报酬形式的一个过程。在这一过程中，企业薪酬管理的主要内容包括薪酬体系、薪酬水平、薪酬结构、薪酬形式等。有效的薪酬管理应当包括三个方面：对外具有竞争性，即支付的薪酬相当于或高于劳动力市场一般薪酬水平；对内具有公正性，即支付相当于员工工作价值的薪酬；对员工具有激励性，即适当拉开员工之间的薪酬差距。

（六）激励机制

人们的合理行为只有经过激励和肯定，这种行为才能再现，进而形成习惯稳定下来，从而指导这种行为的价值观念转化为行为主体的价值观念。激励就是企业运用激励的理论与方法，对员工的各种需要予以不同程度的满足或限制，以此激发员工的工作热情和工作积极性，以提高企业的经济效益的行为。

现代企业的激励重点应从外部激励转向内部激励，不是以金钱、职位和待遇等外部激励为主，而是以发展机会和成长机会等内在激励为主，更多地从工作本身进行激励，满足员工的成就感、尊重感，金钱奖励成为一种必要的辅助手段；激励方式选择组织激励、个人激励相结合。在激励报酬上，从价值创造、价值评价、价值分配三个角度设计奖酬机制。

1. 激励应具有针对性。这样就会使员工从激励中体会到更深的意义。一旦合理行为被肯定，被激励的员工就会有一种成就感，从而使他们的合理行为再现。除此之外，还要注意激励的时效性，对员工的行为要及时承认和鼓励，这样才能使他深刻印象且受到鼓舞。

2. 激励手段的选择要因人而异。要把精神激励与物质激励相结合，要考虑不同员工的不同需求，这样效果最佳。合理行为通过激励而不断再现，最终稳定下来，人们就会自然地接受指导这种行为的价值观念，从而使企业的价值观念为全体员工所接受，形成优良的企业文化。例如，海尔集团的文化建设是中国企业建设的典范，海尔集团极具远见，公司对员工的工作给予不断鼓励，使他们对工作经常保持新鲜感，从而使他们的责任感无形中得到加强。

3. 激励模式可以参考彼得·劳勒的综合激励模式（如图 3-3 所示）。努力程度取决于两个方面：奖酬对个人的价值、对努力得到奖酬的概率的估计；工作的实际绩效取决于能力大小、努力程度以及对所需完成任务理解的深度。奖励要以绩效为前提；激励的措施员工是否满意，取决于受激励者认为获得的报酬是否公平，如果满意将导致其更进一步的努力。

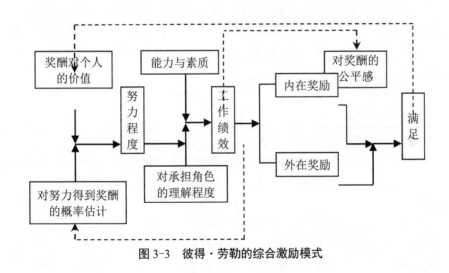

图 3-3 彼得·劳勒的综合激励模式

第四节 知识资源与管理支撑体系

知识管理是通过知识共享，运用集体智慧提升应变和创新能力。而其中显性知识易于整理和存储，隐性知识主要集中存储在员工的大脑里，是员工的个人经验。知识管理就是为企业实现显性知识和隐性知识共享寻找新的途径。知识管理既着眼于获得显性知识，又着眼于获得隐性知识，要把信息与信息、信息与人、信息与过程联系起来进行大量创新。因此，知识管理不仅涉及对信息的管理，而且涉及对人的管理。知识管理的实施在于建立激励员工参与知识的共享机制，设立知识总监，关注创新和集体创造力的培养。

一、知识资源的概念

所谓知识就是人们在长期的实践活动中逐渐积累起来的各种知识和经验的综合。随着网络经济时代的到来，知识正在逐步取代土地、资本等传统资源，成为推动世界经济增长和人类社会进步的主要力量和企业的核心资源，是网络经济时代企业核心竞争力的基础和源泉，因此，建立完善的知识管理体系是企业获取竞争力的基础。如何将企业得到的信息转化为知识，并将知识与人联系起来，促进员工之间的知识交流，利用企业的无形资产创造价值，对于网络经济时代的企业发展日益重要。根据调查统计，全球 6 家知名公司知识资本在总资本中所占的比重说明，网络经济时代，知识资本能够产生自由现金流，管理者必须对知识资本进行管理和控制。6 家知名企业的知识资本对比见表 3-2[①]。

表 3-2 知识资本对比

单位：亿美元

公司名称	1997.3.15			1999.3.15		
	账面价值	市场价值	知识资本	账面价值	市场价值	账面资本
微软公司	107.8	1990.5	1882.7	166.3	4185.8	4019.5
通用汽车	175.1	542.4	367.3	149.8	638.4	488.6
Intel 公司	192.9	1257.4	1064.5	233.7	1966.2	1732.5
通用电气	344.4	2601.5	2257.1	388.8	3602.5	3213.7
思科	42.9	645.7	602.8	71.1	1666.2	1595.1
戴尔	12.9	412.9	400.0	23.2	1113.2	1090.0

什么是知识管理？按照 Lotus 公司对知识管理的定义："知识管理是

---

① ［美］Allan Afuah. 互联网商务模式与战略［M］. 李明志，译. 北京：清华大学出版社，2002：132.

系统性地利用信息内容和专家技能，改进企业的创新能力、快速响应能力，提高生产效率和技能素质。"并进一步解释其中的含义，"信息内容"是指存储在信息系统中的知识，即显性知识；"专家技能"是指存在于员工头脑中的知识和经验，即隐性知识；"利用"表明知识已经确实存在，所做的工作就是发现和利用这些知识；"系统性"表明知识管理是一个信息系统的综合实施过程，是通过网络和信息技术发现知识、利用知识的过程。

二、知识资源的结构

一般认为，企业知识资源有精神层、制度层和物质层三层结构。

（一）精神层

精神层是企业文化中的核心和主体，是广大员工共同而潜在的意识形态，包括生产经营哲学、以人为本的价值观念、美学意识、管理思维方式等。它是企业文化的最深层结构，是企业文化的源泉。精神层的知识按存在形式划分，可以分为隐性知识和显性知识。隐性知识是指高度个人化、很难交流且高度特定化的知识。操作和转移这种知识很难，因为它是组织所在的历史和文化大背景的一部分。隐性知识是一个持续获取知识的过程，它包括通过在一种环境中"生活过"或者重复实施特定工作很多次之后得到的特定的信息和知识。如走路，当我们教一个小孩如何走路的时候，就是在转移隐性知识。尽管我们自己知道如何走路，但如果不通过向孩子传授如何走路并让这个孩子试着模仿，知识就不能转移。显性知识是指能书面记录下来并得以传播的知识，它是具体的或者数字化的，是储存在像图书馆和数据库之类的知识库中的知识。一般来讲，显性知识能很快获得，很少会有误解产生，如印在书本上的关于一个大楼的设计图能够使得显性知识从作者转移到读者。

（二）制度层

制度层是指体现某个具体企业的文化特色的各种规章制度、道德规范和员工行为准则的总和，也包括组织内的分工协作关系的组织结构。例如，厂规、厂纪、员工行为准则等。制度层是企业文化的中介层，它构成了各个企业在管理上的文化个性特征。

（三）物质层

物质层凝聚着企业文化抽象内容的物质体的外在显现，既包括企业整个物质生产经营过程和产品的总和，也包括企业实体性的文化设备、设施，如带有本企业色彩的工作环境、作业方式、图书馆、俱乐部等，物质层是企业文化最直观的部分，也是人们最易于感知的部分。

三、知识管理的实施方法

知识管理的实施就是要建立激励员工参与知识共享的机制，设立知识总监，培养企业创新和集体创造力。企业实施知识管理应做好以下几项工作：知识管理需要建立起能适应知识经济要求的知识型企业组织结构；实施知识管理需要建立能提供公开交流的网络；公司设立知识总监；知识管理的核心在于强调每个知识创造者（员工）的价值和作用；有效的知识管理，要求公司的领导层把知识共享和创新作为赢得竞争优势的前提条件。

（一）知识管理的重要性

把知识管理作为企业经营管理战略之一，是一种在全企业范围内实施的综合性战略计划。它把知识视为产品，这将对企业的盈利甚至生存产生直接的积极影响，因此要不遗余力地推行知识管理战略计划。企业知识管理的实施就是要建立基于信息技术的知识库，定义和识别公司的知识类别，将属于知识管理范围的内容放到知识库中，将企业中个人的知识、小组的知识、部门的知识、组织与组织间的知识最大化地形成组织的知识，使知识库成为组织知识的重要载体；设立以知识主管（Chief Knowledge Officer, CKO）为中心的组织体系和制度体系，保证知识库的正常运行，加强知识的集成和更新，产生新知识，形成知识共享与知识创新的良性循环；建立能为员工进行交流和知识搜索与挖掘的技术工具，如数据库、商务智能（Business Intelligence）工具等，创造良好的知识共享文化氛围，形成知识共享和知识创新的激励机制。

（二）知识转移和优化

通过建立获取、重建、储存和分配知识的系统和方法，把知识融入企业产品和服务中，达到减少生产周期、降低生产成本和增加销售的目的。

（三）以客户为重点

坚持以人为本设计企业发展战略和开展企业经营管理活动，重视从文化和实现人的价值的角度关注客户需求，目的在于通过获取、开发和转移客户的要求、偏爱和业务情况等方面的知识，提升企业的竞争能力。

（四）建立对知识的责任感

让员工建立起对识别、保持和扩展自身知识以及更新和共享知识资产的责任感，并让他们意识到知识对他们担负高度竞争性工作的重要价值。同时，建立有利于知识管理活动的企业文化也是知识管理战略的主要内容之一。

（五）无形资产管理

充分发挥专利、商标、经营及管理经验、客户关系等企业无形资产的作用。对无形资产的更新、组织、评估、保护和增值及市场交易实施管理。

（六）技术创新和知识创新

在未来，企业管理要适应新的经济时代的挑战，企业知识管理要不断为企业管理的提升和创新提供支持。企业文化通过企业精神的弘扬和全新管理理念的倡导，推动企业进行知识管理，实现管理的全面提升和创新。

四、知识管理的意义

很多企业已经注意到应重视新知识、新技术，却忽视了已经固化到企业制度、组织形式、产品或设备上的知识，或者不知该如何管理这些旧的知识。企业知识管理的内容就是对企业的信息资源和知识资源进行全方位的分析、整理、增值。知识管理的目标是要通过采用信息系统等技术支持和股票期权等激励机制以及设计、构造良好的企业文化的组织形式，挖掘固有知识，引导知识创新，实现知识共享，并通过对共享的知识进行有效应用，最终提升企业的竞争力，实现企业的可持续发展。建立知识管理体系，实际上就是企业为了提升竞争能力，利用信息技术手段，采用编码化策略和人格化策略，通过建立一种组织机制，将企业中的知识充分共享和交流，推进知识的四种转化过程——提升创新能力、快速响应能力，提高技能素质和工作效率，为企业创造利润。知识管理体系的关键是建立知识管理的技术平台和组织机制，以互联网为基础的信息技术平台为知识管理提供了技术支持。但为了对企业的知识资源进行有效的管理，还必须建立有效的组织机制，保证组织内知识需求者、知识供应者、知识中介的良好运行。

第四章　数字化企业管理

第一节　数字化管理概述

网络经济时代的到来，数字经济的崛起和发展，促使企业内部管理也需要及时走上"数字化"道路。而在此过程中存在的困难、瓶颈与挑战，则是管理者不得不去思考的问题。

一、基本概述

随着互联网、人工智能、物联网及移动技术等的发展，信息化和数字化成为企业管理建设的另一个"出口"，不仅给企业带来极大的便利，还相对降低了企业在日常管理过程中所需要投入的成本。对于发展建设中的企业而言，其需要结合企业自身所处的行业地位、发展需要及战略目标，对应用数字化管理的可行性进行系统的分析与梳理，不断改变落后的以及无法满足企业发展和建设诉求的管理模式，全面走向"数字化"时代。

（一）数字化管理的基本概念

通常情况下，数字化管理主要是指企业借助网络通信、计算机及人工智能等技术，对管理对象进行量化的管理方式，也是由此实现服务创新、协调管理、组织计划等一系列活动的总称。换言之，企业内部的一些经营管理活动都可以通过二进制实现数字化管理，这也说明了其包含两方面含义：一方面，通过量化的技术来解决企业运营管理过程中实际存在的问题，凸显管理的可计算性。另一方面，在企业推进管理活动的过程中，很多要素都是基于互联网产生的，如信息资源、财务数字资源和财富数字化等。

（二）企业数字化转型的概念

关于数字化转型，国务院发展及研究中心的课题组认为，其是指利用新一代的信息技术，通过打造数据采集、传输、存储、处理，以及反馈的严格闭环，打通不同行业以及层级之间的信息壁垒，提高企业整体的运作效率。学术界对于数字化转型概念的讨论起源于 20 世纪初，而且学术界对于企业的数字化转型有着多重的定义和认知。例如，有的研究者认为所谓的数字化转型就是通过对数字技术的深入应用，打造全场景、全感知、全智能的数字世界，进而实现对企业业务管理模式、传统管理策略，以及商业模式的变革、重塑，推进业务的成功转变。综合目前学术界以及实业界的观念和思想，笔者认为，企业数字化转型主要是指借助信息技术、互联网计算机技术、通信以及连接技术的组合使用，推动企业组织出现调整和变革，最终在企业的组织架构、体系运行方面呈现出以下三个特点：

首先，从性质角度进行分析，数字化转型本身属于企业为了顺应数字时代所启动的一场必需的组织属性变革，如价值创造系统的启用、企业定位和目标的确立等。

其次，就内容层面而言，企业数字化转型意味着组织的重构、运行体系的重塑。具体包括组织结构、企业战略、业务流程、人力资源等，其目标是推动企业成为被数字智能所驱动的现代化企业。

最后，从实现策略以及手段的角度进行分析，数字化转型必然是建立在充分利用各类数字技术的基础上，是应对数字时代挑战和机遇的战略性行动。所以，在推进数字化转型的过程中，企业需要通过数字化战略管理的蓝图绘制，来指导企业的转型和战略演变。这对于处在高速发展和建设进程中的企业十分关键。

（三）企业数字化管理实践的科学意义

企业数字化管理实践是企业顺应数字化时代的重要选择，也是基于企业数字技术创新应用所带来的一场彻底的变革，其依托全新的行为、结构及模式，对推进企业运营管理效率的显著提高，具有十分重要的意义和价值。

从实践应用的角度来说，推进企业的数字化管理能够实现对企业现阶段管理流程、方式的全面革新和重塑，在减少管理成本和投入、提高管理效率的同时，也能够增加管理的透明度和各项决策的科学性，减少人为因素所带来的各种消极影响。更重要的是，推进数字化管理本就是一场与时俱进的实践。

从理论建设的角度来说，一方面，数字技术的应用以及创新，正在对企业以往的管理学科和方法进行重构，其不仅将引领学术前沿，而且会聚合现阶段我国管理学科相关领域的研究力量，及时构建数字时代管理科学体系，将为创新和丰富企业数字化管理的知识维度做出贡献。另一方面，现今，我国已经涌现出很多具有国际影响力的数字平台、以服务企业数字化转型为方向的企业，也推进了很多企业迈向数字化转型的道路。加强对企业数字化管理实践展开系统性的研究，有助于本土企业生成更为系统、科学的理论实践体系，也将诞生一大批具有实践意义和指导价值的原创性转型方案，能够为我国更多企业的数字化管理提供参考。

二、企业数字化管理的实现策略

从 20 世纪 90 年代开始，欧美发达国家迈入信息化时代。而随着信息技术的不断发展，我国的企业在管理方面逐渐熟练使用数字化管理，对提高企业运营管理效率以及稳定性产生了重要的影响。

（一）企业需要加大技术、人才及资金的投入

企业内部任何一项经济管理活动都需要技术、人才及资金的支持，所以企业有必要围绕数字化管理的需要，搭建相应的基础设施、团队。其包括在企业内部成立专门的数字化运营管理团队，对企业现阶段所使用的管理系统和各种软件进行必要的优化、改进、升级，甚至是彻底的替换，同时投入一部分的资金，对数字化的管理系统进行日常的维护。对于一些本身规模较小，对数字化建设投入力度较为有限的企业而言，其在推进数字化管理的过程中，还需要结合企业的实际情况做好系统的论证和研究，有步骤、有目标、有节奏地推进数字化管理。

（二）依托数据，智能驱动企业的运营管理

数字技术的存在很大程度上会重新定义企业的管理模式及运营管理体系，尤其是伴随人工智能技术以及大数据的发展、普及和应用，人机协同开始逐渐成为很多企业推进数字化管理的重要实现载体，甚至驱动着整个企业的供应链管理、研发设计、市场分析和战略决策、客户分析和管理等环节。可以说，在数字化管理的进程中，"数据"在企业运营管理当中扮演的角色越来越重要，数据可以驱动企业的决策变革、决定市场运营和产品的规划方向，也可以成为反思企业当下运营管理存在问题的关键性一环。所以，企业需要加大力度，加强对内部数据以及外部数据的网罗、分析和

计算。

当然随着时间的推移，这种协同方式也在外界环境的影响和推动下面临着新的挑战，其需要及时创新智能驱动的管理理论和工作方法，具体包括：智能互联环境下的协同管理以及服务理论；面向生态化网络运营管理模式的创新和优化；面向个性化定制的多主体协同运行机制和管理策略；数据智能驱动企业多主体参与到产品研发以及理论创新；智能深入企业运营管理系统的行为规律、基本理论及具体的决策模式。

（三）优化数字经济时代的创业管理

数字经济时代的企业创业管理面临着资源、机遇、团队建设等关键要素的调整和变化，这些内容促使企业的创业过程变得更加复杂和充斥着动态化的因素。因此，数字技术打造了很多具有高成长性、高价执行以及灵活多变的创业模式，无形中成为助推数字经济发展的强大力量。对于发展建设中的企业而言，其成长到一定阶段很容易面临来自版图扩大、业务扩充甚至是转型方面的需要。数字化管理可以帮助企业在此过程中做出正确的决策，减少因失误给企业造成的损失。就其内容来看，优化数字经济时代的创业管理主要包括以下几项：数字创业失败管理；数字创业生态系统的建构、治理及规制的制定；数字创业要素的互动机制，以及过程演化规律总结；数字创业决策模式、商业选择模式，以及具体的管理思路创新。

（四）数字时代的协同管理创新

数字时代的到来促使企业和上下游的供应商、客户以及合作伙伴之间的关系逐渐走向新的形态，市场竞争也在逐渐从单纯的版图竞争、业绩竞争走向是否能基于行业协同，打造全新的生态体系，促使企业走向共建、共享以及共创的全新时代。显而易见的是企业数字化管理的实现，为推动企业从价值链主导走向多维互动的协同创新提供了媒介以及可能性，此时自然需要企业从科学原理的角度着手，积极探索协同的规律和本质。就其内容来看，数字时代的企业协同管理创新包括以下几项：组合创新机理以及企业内部和外部资源的匹配；产学研协同机制创新过程中的新型关系建构以及动力机制生成；协同创新网络中的组织学习模式，以及协同演化的规律、知识基础；平台支撑的网络化协同创新行为机制以及风险、利益的共享服务机制；数字创新过程中的知识产权、知识管理，以及与之相关的权益保障机制和制度制定。

（五）转变"金三角"管理角色，适应数字化管理实践所需

"金三角"是企业管理的三大核心要素，即首席行政主管、首席信息主管和首席财务主管。步入互联网时代，信息获得的手段和方式更为便利，信息也可以直接反映市场趋势和变化情况，作为"金三角"完全可以基于这些数据和信息，引导企业做出科学合理的决策。在此情况下，传统"金三角"的职能出现了显著变化。例如，首席行政主管的职能需要从日常管理完全上升到企业战略目标管理的层面，通过结合相应的奖惩机制和综合管理制度，充分协调广大工作人员的贡献以及努力，确保所有员工的创新理念能够完全整合到企业统一的战略框架中；首席信息主管会从以往的信息资源收集和系统维护的角度，转型至信息资源开发的层面；首席财务主管会从过往单纯的财务管理维度逐渐参与到企业资本运营的过程中，完全适应企业数字化管理和发展建设的需要。

但在此过程中需要强调的是，现阶段国内很多企业并没有建立"金三角"的岗位体系。所以，为了适应数字化的时代诉求，企业有必要结合自身的实际情况进行基础的架构调整和设计，不断夯实其在企业管理过程中的地位、影响力、作用及价值。

（六）优化平台型企业的生态治理

如果企业本身属于平台型企业，那么其可以通过开放、有序地连接各类参与者，来共同完成企业系统的价值创造过程，这也是目前新型市场环境和企业运营发展趋势下所表现出的特征。这意味着现代化企业必须从微观视角切入，探索各类管理理论和方法。需要注意的是，如今企业之间的市场关系已经转变为动态的、非线性的、共赢的、生态化的市场关系，其彼此之间相互影响、彼此依赖。只有理解这一层复杂的内涵和要求，积极探索平台的治理建设及发展办法，才有可能在真正意义上推动生态治理的最终实现。从内容来看，优化平台型企业的生态治理主要包括以下几项：平台型企业的战略管理及组织行为理论；商业生态系统治理的基础理论及机制的设计等；平台型企业的成长规律以及服务、产品创新模式；生态化平台中的参与效用模型、参与机制的设计理论及行为机能；面向数字化平台的多边形市场经济学、复杂网络动力学的基础性理论以及内容。

（七）打造企业内部的职能中心，实现业绩管理

在数字经济时代已经到来的当下，企业内部岗位和部门的基础管理职能其实并没有发生改变，只不过其工作重点需要与时俱进，做出适当的调整以及偏移。

首先，企业必须及时调整和转变关系，内部职能部门的管理人员不能专注于决策特权，而要与其他工作人员共同学习、共同进步和成长。

其次，企业职能部门的主管在对员工职业规划、岗位进程、日常培训和教育学习等方面，需要高度支持和配合人力资源部门工作，促使其能够深入了解企业最新的目标，让企业环境条件、工作氛围及员工的职业理想能够保持高度一致。

最后，作为企业内部综合性的管理部门，职能中心可以结合企业的具体工作目标，组织任务团队，直接参与到其他团队的活动和个人工作的过程中。相对于个体岗位职责的实现，职能中心明显更加看重团队任务的完成。所以，企业有必要引导内部的工作人员充分意识到集体的工作职责、任务及目标，意识到个体业绩和目标管理都是建立在集体的基础上。只有确保所有的工作人员都能拥有共同的工作目标、业绩目标，才能实现个体业绩和集体业绩相结合。

（八）组织管理的优化和完善

数字化管理会给企业的运营管理带来变革、带来更多的机遇和管理上的便利与优势。在此过程中，企业原本的组织结构也需要做出相应的调整和改变，进而更加契合新时代的诉求、迎合数字管理的需要。

1. 数字经济时代的企业组织管理变革

数字经济时代，企业组织变革需要与时俱进的制度逻辑和足以应对企业内外环境挑战的资本和能力，此时，企业需要更为精细化和现代化的风险预警管理机制、自适应数据智能系统来达成这样的目标。与此同时，有实践研究表明，数字经济时代的企业组织管理模式不再是线性的、有明确边界的组织形式，而是呈现出平台化、模块化、生态化及虚拟化的特征。此时，企业必须深度探索新型组织范式背后的逻辑和特征表现，进而生成系统性的组织管理办法。就其内容来看，企业组织管理变革主要包括以下几项：数字化组织的领导力建构理论；数字化组织中，员工行为分析技术以及管理理论；数字时代的组织风险预警以及具体的防控管理措施；基于

团队组织管理所推进的管理理论以及团队协调机制；数字经济时代，企业组织范式的创新以及具体组织要素体系的设计理论；步入数字经济时代，组织变革模式、制度环境、核心资源以及具体能力因素所能产生的影响。

2. 构建能够完全推进数字化管理扁平化、网络化及柔性化的组织形式与管理体系

信息技术、互联网媒介及电子计算机的应用与普及，促使企业内部的信息传递更为直接和方便，此时企业可以直接删除原有组织传递体系当中的中间信息层，直接面对市场，减少信息传递和沟通的中间层次。

随着互联网信息科技的快速发展和高度普及应用，一些企业的组织形式呈现出"扁平化"的特征，其价值和优势在于减少决策和贯彻之间的时间距离，对于加速企业对市场变化的动态应对效率，起到一定的促进作用。

为了让企业的组织能力更加柔性、更加灵活，具体可以采取在企业的组织结构上设置专门和固定的结构，来达成相应的目的。此时，企业可以选择组建一些临时的、以任务和价值流为导向的团队、小组，企业可以及时得到工作推进所需要的一些信息，并将散落在不同环节的工作内容和业务模块进行系统性的整合，确保企业能够完全满足市场建设各项工作的需求。

3. 基于数字技术的现代化管理和营销创新

数字技术的飞速发展能够为企业接触客户提供更多的途径及渠道，在很大程度上调整和改善了企业、客户之间的互动关系，也促使企业拥有此前未曾拥有过的营销数据支撑以及客户信息洞察力。正因为智能化、全渠道、产品服务化、个性化营销已经成为数字经济时代营销管理的重要特征，企业究竟该如何保障自身的隐私和信息安全，也成为非常关键的话题。企业更需要系统和全方位地探索契合各种变化趋势的管理规律和数字逻辑，进而形成现代的营销管理战略。就其内容来看，基于数字技术的现代化管理和营销创新主要包括以下几项：客户数据资产测度的理论及方法；全渠道营销管理与客户洞察理论及方法；数字化环境下市场竞争战略及品牌管理；面向用户隐私保护的数字营销及制度设计；客户化定制服务中的主体智能交互、知识发现及价值的共同创造。

（九）战略管理的贯彻和落实

"战略"对企业的发展具有建设性、指导性的意义，也是企业转型升级、调整变革道路上必要的一环。数字化管理是一个全新的命题，其参与到企业管理过程中，会触发企业组织结构的变革，需要企业在战略层面做出一定的调整和改变。

1. 坚持将数字化管理作为企业的主导战略

现阶段，我国企业要想完全实现数字化管理，仍存在着一些现实的制约因素，其必须经过整改和调整，从战略角度对这一问题进行梳理和感知。此外，企业还要意识到，数字化管理是网络时代、移动时代、万物互联时代的必然结果，对于提升企业的市场竞争力具有十分重要的意义，所以企业必须不遗余力地推动企业的数字化战略管理。

2. 从重视"物"的管理逐渐转向重视"人"的管理

企业从重视"物"的管理逐渐转向重视"人"的管理，意味着将"以人为本"置于非常重要的位置。具体而言，企业需要把握以下三个关键点：

第一，企业需要培养员工的职业道德、团队精神和企业荣誉感，在团队中要强调员工的自由、平等，鼓励其积极参与企业管理，共享岗位信息。

第二，倡导企业内部的有效交流和沟通，推动企业内部的各个部门、员工、企业和消费者之间可以借助现代化的网络技术进行交流、沟通，最终实现信息集成的目的。

第三，企业需要以文化为载体、为诱因、为动力，将广大员工塑造和培育成具有现代素质的文化人、文明人。通过引导企业内部的工作人员树立积极向上的思想意识，促使其在企业发展建设过程中，也能努力实现自身的价值和个性化发展。

3. 调整企业战略

企业需要结合具体的运营管理内容以及所属行业，对现有战略做出必要的调整，促使其更加契合数字化时代的诉求。

一方面，企业需要对客户进行全方位的服务以及长期性的跟踪，通过直接设置电子商务、呼叫中心、移动互联系统和网络，来对市场经济活动及企业销售活动进行有效管理，同时为企业客户提供个性化的产品及服务。这样，企业可以直接联通包括市场、销售和服务在内的所有环节，确保其和后台运营管理、客户完全融于一套系统中。

另一方面，企业可以尝试以拉式战略为主，进而满足客户多样化的诉求和喜好，既可以提升客户的满意度，也可以根据客户的真实需要及时调整企业内部的经营行为和资源分配。在互联网时代，企业所能提供的产品以及服务会变得越来越复杂，客户要求也变得越来越精细化，企业只有充分满足客户的偏好，提高其满意度，充分落实客户关系管理，坚持将营销、服务及销售三个以顾客为中心的功能进行集成，才能实现企业战略的动态调整与优化。

4. 企业数字化转型的模式与实施战略

对于发展建设中的企业而言，数字化转型也是一场充斥着系统性的变革过程。而在战略导向下，企业实施数字化转型归根结底是为战略服务，彼此之间也是相互影响、彼此促成的过程。

首先，企业需要深度挖掘和揭示数字化转型的规律及模式，尤其是要积极探索数字技术应用所触发的企业组织变革特征和潜在性影响。

其次，企业需要从战略角度出发，深度探索数字化给企业所带来的挑战、机遇，以及呈现得更为复杂的逻辑过程，然后借助分析管理工具，分析数字化管理给企业带来的机遇和危机。

再次，企业需要进一步探讨数字技术驱动企业管理转型的规律，尤其是在揭示数字技术的特性，借助其推动企业物理系统、计算系统，以组织管理系统协同运作的规律及其机制。

最后，企业需要提出数字化转型的具体落地策略，进而在企业中生成不同情境、不同效果的数字化转型路径，确保为企业的战略转型提供充分的理论依据及方法指导。

总而言之，数字技术的发展和广泛使用，为企业管理带来了新的契机，企业为了迎合数字经济时代，必须深入贯彻数字经济与实体经济融合的战略诉求，构建完全契合企业实际情况以及数字管理理论的体系和方法，进而为企业的可持续发展打下基础、做好铺垫。

第二节　企业数字化管理的概念及其演化

数字化管理是对传统管理的继承和创新，吸收了传统管理的精华，并在管理思想、管理方法，尤其是管理工具和管理手段上对传统管理进行了创新。数字化管理是伴随着计算机和通信技术在企业管理中的应用而逐渐发展起来的，随着计算机存储和运算能力的不断提升，以及计算机网络（尤其是互联网）由小（单个实验室）到大（遍布全球）的发展，计算机及网络技术在企业管理中的应用逐步深入、应用领域逐步扩大。同时，企业的商业方式转变为电子商务模式，企业经济环境不断变化（网络经济），企业管理也在不断变革。数字化管理是在企业管理变革和计算机网络技术在企业管理中的协同作用下产生并发展的。

一、企业数字化管理的定义和内涵

（一）企业数字化管理的定义

在数字化管理的文献中，普遍引用了以下定义：数字化管理（Digital Management，DM）是指利用计算机、通信、网络、人工智能等技术，量化管理对象与管理行为，实现计划、组织、协调、服务、创新等职能的管理活动和管理方法的总称。

在综合研究了现有数字化管理和数字化企业等相关概念的基础上，企业数字化管理（Enterprise Digital Management，EDM）是以现代管理理论为核心，以系统论、信息论和控制论为管理方法，以计算机和通信网络等数字化技术为管理手段，以企业信息系统为管理工具，量化管理对象与管理行为，实现实时高效的计划、组织、领导、控制等职能的企业管理活动和管理方法的总称。

数字化管理有三层基本含义：一是企业管理活动的数字化，即企业管理对象，如人、财、物、知识等资源数字化，企业的管理方式和手段（资源的配置方式和手段）数字化。二是企业管理活动基于数字化网络（企业数字化神经网络系统），即企业内部各部门之间，企业与企业、市场、顾客之间的交易活动通过数字神经网络系统实现。三是量化管理，即管理对象、管理方法和手段的量化，使得管理具有可计算性，资源配置进一步优化。

具体来说，企业数字化管理就是借助计算机和网络技术手段，在企业的研发、生产、营销、人力资源、财务、战略、企业供应链管理中，让先进的管理思想和理论运用数字化手段得以实施和具体化，稳定、快速、准确地为企业的"三层决策"系统（战术层、战略层、决策层）提供决策支持，提升供应链的竞争力，提高企业管理效率，降低企业经营成本，赢得市场，增强企业的"核心竞争力"。

（二）企业数字化管理的内涵

1. 目标

快速发现和响应企业内外环境的变化，发现并优化企业价值链，敏捷地满足客户的个性化需求；提高企业管理效率，增强管理决策的科学化，降低企业经营成本，提升供应链的竞争力，从而增强企业的核心竞争力。

2. 手段

数字化手段包括计算机、通信网络和管理软件等。

3. 涉及的范围

企业的内部部门，包括研发、生产、营销、人力资源、财务、物流等各职能部门以及企业供应链上的其他企业、客户。

4. 组织结构

组织结构包括战略管理层（战略层）、战术管理层（战术层）和业务管理层（操作层）。

5. 功能

实现企业生产经营管理的数字化，包括业务数据数字化、业务流程数字化、生产制造自动化、管理决策数字化、供应链管理数字化，以及商务电子化等。

6. 组成

企业数字化管理是一个人机合一的系统，包括人员（管理人员和业务人员）、流程（管理流程、业务流程和生产流程）和工具（数字化技术）。

（三）企业数字化管理的外延

1. 企业数字化管理是通过数字化信息流，实现对企业内部及其供应链的物流、资金流等方面的管理。通过数字化管理，企业的物流和资金流能够在企业及其供应链中迅速流动，传递给任何有需要的人。信息流的有效流动推动了物流和资金流的有效运动，从而实现了企业资源的快捷、高效的配置，为企业创造了价值。

2. 数字化管理是一门综合学科，包括管理学、信息科学、系统工程、控制理论、经济学、生物学、心理学等。

3. 企业数字化管理的基础是企业业务数据标准化和业务流程的规范化。只有基础管理数字化后，整个企业才具备实施数字化管理的基础。

4. 企业数字化管理的实质是通过数字化手段促进先进的管理思想的实现，将先进的管理方法固化在企业数字化管理的流程和工具中，由"人治"转向"法治"。

5. 企业信息系统仅是实施数字化管理的工具和手段，硬件和软件的投入仅是实施数字化管理的一部分，客户的价值创造、企业文化更新、业务流程的改进、员工的支持才是数字化管理实施过程中最重要和最困难的部分。同时，实施数字化管理后，管理本身的作用不仅没有被削弱或者取代，还通过数字化手段实现了管理的创新和发展。

6. 数字化管理是管理和技术融合的人机合一的管理方式，管理思想通过数字化手段固化为标准的流程，从而实现管理的科学化和规范化；信息系统提供的企业内外部集成信息，为管理者做出决策奠定了科学的基础；系统的人工智能、知识库、数据挖掘等技术使科学决策变得更容易实现。

7. 数字化管理的关键点在于，企业信息系统提供的数据共享和实时传输；企业业务和经营信息的高度集成化和深度分析，以及信息分析的智能化和自动化，这些使得数字化管理比传统的管理实时性更强、范围更广、深度更大，使得企业的资源配置更为快捷和有效。

8. 数字化管理的实施是一个系统工程，包括管理变革、流程和业务重组、组织学习、咨询服务、方案设计、设备采购、网络建设、软件选型、应用培训、二次开发等过程。

9. 数字化管理对宏观信息技术环境的依赖性比较大，数字化管理必须建立在互联网上。

10. 数字化管理是一个发展和开放的概念，其内容和方法随着现代管理理论和信息技术的发展而发展。

（四）企业数字化管理的分类

企业数字化管理按照行业分类，可分为制造业的数字化管理、商业的数字化管理、金融业的数字化管理、服务业的数字化管理等。

二、企业数字化管理的演化

伴随着计算机和网络技术在企业管理中的应用，企业的计算机化管理、电子化管理及企业信息化等概念不断涌现。从广义角度讲，企业数字化管理包含了计算机和网络在企业管理应用中，从低级到高级各个阶段的内容。以下是对企业数字化管理的演化的总结，如图 4-1 所示。

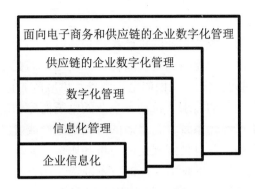

图 4-1　企业数字化管理各层次的包含关系

1. 企业信息化

企业信息化可理解为点，即数据级的企业数字化管理，将生产经营过程中的信息数字化（数据采集），以便利用计算机和网络技术，准确快捷地进行信息查询、沟通和传递，从而实现生产经营数据的共享，帮助领导层更加科学有效地计划、组织、领导和控制。

2. 信息化管理

信息化管理可理解为线，即流程级的数字化管理，在实现生产经营信息数字化基础上，对企业的组织管理、生产、营销、人力资源等的管理流程，进行数字化管理，从而提高管理的规范性、制度性、科学性，提高管理效率，降低管理成本，使管理活动更具实时性和有效性。

3. 数字化管理

数字化管理可理解为面，即决策级的数字化管理，在生产经营数据数字化和管理流程数字化基础上，通过运用数据挖掘技术、决策支持、知识库和人工智能等技术，对生产经营数据和管理流程数据进行整理、归纳和分析，为管理决策提供支持，为企业的生产经营提供指导，同时能够实现同类知识的智能借鉴和共享。

4. 供应链的企业数字化管理

供应链的企业数字化管理可理解为链，即企业间的供应链管理，包括上游供应商、策略联盟商、下游分销商、顾客等，在供应链这一级别上实现资源的有效配置，降低成本，提升供应链的竞争力，从而提高企业的市场价值。

5. 面向电子商务和供应链的企业数字化管理

随着买方市场的形成，企业的生产经营必须以市场为导向、以顾客为中心。同时，企业之间的竞争逐渐发展为供应链之间的竞争。企业数字化管理必然要适应这些变化，实现面向电子商务和供应链的企业数字化管理。客户对企业产品和服务的需求，拉动了企业的电子商务和供应链系统，进而拉动了企业的生产经营系统，在最短的时间内生产或者组装出满足顾客需求的产品或者服务，并且按照规定的数量和质量，在规定的时间内通过供应链系统送到顾客要求的地方。同时，不断跟踪调查产品的使用情况和顾客的建议，为产品的改进和新产品的研发提供参考。

综上所述，企业的数字化管理包含了企业信息化、企业信息化管理、决策级数字化管理、供应链的企业数字化管理及面向电子商务和供应链的企业数字化管理五个层次。这五个层次反映了企业数字化管理由低到高五个不同的水平和等级，是企业数字化管理的五个发展阶段，同时也是企业实施数字化管理必经的五个阶段。

第三节　企业数字化管理产生的动力

任何系统的运行都是有动力或目标的，如果没有动力，就不可能有运动。对于不同系统来说，低熵、有效能量、不稳定性、评价函数、效用最大化等"势差"都是相应系统运动的动力，它可用数学语言表示为∇U，即类势函数 U 的梯度（微分形式）——势差（积分形式）。它回答运动的原因，即"为什么"的问题。

企业系统作为特殊的社会经济系统，其运动是为了实现企业的目标。不同的企业有不同目标，同一企业也会有多种目标，但是，企业的目标与企业的现实总是存在一定的差距，这种差距就是推动企业系统运动的"势差"，也就是企业系统运动的动力。如何促使企业按照科学规律运行是企业管理的目标。符合科学规律的运行状况与企业运行现状之间的差距，就是企业管理的"势差"。在现代信息技术条件和网络经济环境下，企业数字化管理能够使企业顺应现代企业系统的运行规律，现代企业的科学运行与企业现状之间的差距成为企业数字化管理的"势差"，将这些"势差"进一步分解，就形成推动企业数字化管理的系统动力因素。这些系统动力因素，回答了企业数字化管理的原因。

企业数字化管理的系统动力因素，主要来源于现代信息技术在企业管理中的应用引起的企业管理方式的变革，以及网络经济环境下企业商务活动的转变。企业的数字化管理是对企业管理的信息活动本质的回归，是企业管理的内在要求，在现代信息技术条件下，这些要求正好得到了满足，信息在企业组织中的合理分布和流动，是数字化管理的动力要素之一。同时，企业对利润的追求是永恒的，利润最大化依赖于以资源投入为主的"外向型"增长，以及以质量和效益的提高为主的"内向型"增长。信息技术降低了企业管理费用，精细化管理带来了质量和效益的提高，并为企业获得竞争优势，这是数字化管理的另一个系统动力因素。

一、企业外在环境的压力

（一）外部环境的变化

随着社会经济的发展，企业的外部环境发生了重大变化，主要包括顾客（Customer）、竞争（Competition）和变化（Change），简称3C。

1. 顾客

现代市场营销理论把顾客利益置于营销活动的中心环节，认为为顾客提供服务、创造顾客价值是企业经营的出发点和归宿。随着生产力水平的不断提高，卖方市场已经转变为买方市场，顾客掌握了主动权，他们的选择范围不断扩大，对产品和服务的期望值越来越高，要求更高的性能价格比，更加个性化的产品和服务。同时，他们的消费水平不断提高，对产品和服务更加了解，信息的对称性和透明度越来越高，企业由于消费者信息不对称性获得超额利润的机会越来越少。

2. 竞争

经济全球化和互联网环境下，企业的竞争地域范围空前扩大，竞争对手增加的同时，市场空间的扩展速度低于竞争者数量增加的速度，市场竞争更加激烈。

3．变化

技术快速发展，市场产品和服务的变化日新月异，市场环境变化更加剧烈，企业如何快速发现变化，并做出自身的改变，成为竞争的关键要素。

（二）数字化生态系统

当"万维网生活方式"与"电气化生活方式"一样，逐渐成为人们的主要生活方式后，"万维网工作方式"也使越来越多的企业开始进入数字化生态系统中。在网络经济的大背景下，电子商务逐渐成为企业的主要市场活动，同时，企业的生产经营活动离不开信息，信息生态环境已经成为企业的小环境。这就形成了企业数字化生态环境，如图 4-2 所示。企业要想在这样的环境中生存和发展，就必须实行数字化管理。

图 4-2　数字化管理产生的时代和市场环境

1．知识经济

人类社会正在由工业社会逐步进入知识经济社会。企业作为社会经济的细胞，其运行规则遵循了经济形式的规律。知识经济以金融和知识为经济基础规定了知识和金融在企业中的基础资源性质。知识与资本和劳动一起，成为企业的基本生产要素，企业生产经营过程，即对生产要素的配置过程，包括知识的生产、传播和应用。对知识的管理成为企业管理的重要组成部分，能否在知识经济时代的竞争中取得优势，在很大程度上取决于企业对知识的获取和应用能力。而这些能力是建立在企业的数字化管理基础上的，企业数字化管理对以数字化形态存在的知识的管理，具有内在的一致性。

知识经济时代的经济形式为服务性经济。人们通过购买来满足物质和精神的需求，购买的对象为产品或者服务的效用，这些效用往往以产品或者服务作为载体，与产品相比，服务对效用的体现更为直接。知识经济是一种直接经济产品，供应商与顾客、产品与效用之间更为直接，服务作为知识经济时代市场交换的主要商品，成为知识经济的主要表现形态。企业的生产、顾客的消费主要以服务形式展开。服务作为"软性"的商品，它的研发、生产、销售和消费的管理比实物形式的产品更为复杂，对时效的要求更高。数字化管理通过数字化手段，能够管理复杂的事务，并且将其量化，更好地实现管理目标。同时，数字化形态能够满足时效性的要求。

在知识经济时代，科层制的管理等级制度束缚了企业快速响应、灵活多变、团队协作、自主创新的发展要求，知识的生产与应用依赖员工的积极性和创造性的智力活动，智力活动往往难以被量化和衡量，需要更多地依靠员工自身的主动性。同时，智力活动需要集体的协作和团队的配合，以及灵活多变的协作方式。然而，科层制的管理制度是通过命令与控制方式来实现的，员工被看作企业机器的零件，只能按照既定的方式行动。因此，科层制管理方式已经不能适应知识经济时代企业管理的要求，以智力活动和团队协作为主体的企业活动，需要体现协作与智力活动特征的新管理方式。企业数字化管理方式为企业建立了数字神经网络，并创造了知识共享和组织学习的环境，使得团队协作更加容易，智力活动能够更好地开展。

经济全球化为企业带来更加广阔的市场和发展空间，企业的资源配置可以在全球范围内进行，资源配置更加优化。但是，企业的全球化发展，需要跨地域的协作和资源流动，使企业的资金流、信息流和物流在全球范围内流动。企业活动空间的扩大，给传统的管理方式带来了挑战，跨地域管理和全球性的资源配置，需要管理能力的飞跃式提升。数字化管理为企业建立了基于连接企业所有子公司，以及供应商和客户的全球性数字神经网络，企业管理的地域范围可以遍及全球任何地方，全球性的资源配置信息可以实时传递。企业的全球性战略只有通过数字化管理方式才能有效实施。

总之，新的经济形势要求信息化的企业管理方式，传统管理模式属于工业时代，知识经济时代的管理模式是数字化管理。

2. 电子商务环境

企业的经营成果通过市场交换得以实现，企业的生存和发展依赖产品和服务销售收入的再投入。随着以客户为中心的买方市场的形成，企业的生产经营由"产品"导向转变为"市场"导向。企业在市场上的表现是企业是否健康发展的标志，市场成为决定企业生存和发展的决定性因素。企业的市场行为主要表现为市场营销活动，随着计算机技术和网络技术在企业生产经营尤其是企业商务活动中的应用，企业的营销活动电子化日益成熟，电子商务已发展成为企业主要的商务活动形式。

电子商务指以互联网为基础，通过电子数据交换进行的商务活动，包括网上客户对产品的搜索或者商家对客户的搜索、产品的展示、网上促销、交易磋商、合同订立、货款结算、商品运送、售后服务支持等，以及企业与供应商、政府机构、银行、其他咨询服务等中介机构在互联网上的联系和交流。完整的电子商务是信息流、资金流和物流三者的统一，其中信息流和资金流可以通过互联网实现。除了信息类产品，其他产品的物流需要通过线下的物理方式传输实现，但在信息流的辅助下，电子商务的物流可以更为有效合理地流动。

全球化和网络化已成为当今世界经济发展的主要趋势，但全球化却意味着经济活动的逐渐远程化，为了解决经济活动主体在地理位置上的远离所引起的交易沟通的不便和信用不能保证等问题，必须借助互联网等数字化手段，实现企业的远程管理和远程商务，数字化管理可以方便地实现跨越时空的企业管理以及商务交易。以提高商务活动效率、延伸商务活动范围为主要特征的电子商务在世界经济贸易中发挥出越来越重要的作用。电子商务在世界贸易中所占的份额逐年提高，电子商务交易形式已成为企业的主要商务交易形式，电子商务环境成为企业交易的大环境，并形成"电子商务壁垒"。没有进入电子商务大环境的企业与大环境内部的企业之间的交易机会在逐年下降，并趋近于零。在商务环境发生变化的形势下，企业必须适应这一重大的环境变化，尽快融入电子商务大环境中，这既是对企业的挑战也是企业发展的机遇。

企业管理的对象是企业产品销售、生产、原材料采购等一系列活动，在以市场为导向的知识经济时代，以电子商务为主要特征的市场营销是企业的核心活动，也是企业管理活动的重点。电子商务是企业数字化管理的重要组成部分，是数字化管理活动的起点和终点，一切数字化管理活动以市场为导向，一切数字化管理活动是为了获得市场。电子商务活动不是单纯的商务活动，而是需要以企业供应链的数字化管理作为基础，成为企业供应链与客户的联结点的活动。因此，电子商务的大环境要求企业管理必须是数字化管理。

3. 数字化生态环境

正如生物体生活在由食物链组成的生态系统中一样，现代信息技术条件下的企业也同样生存在由网络连接在一起、相互作用和相互影响的许多企业所组成的企业数字化生态系统之中。生态系统中的企业由网络互联，个体的生产经营活动全面数字化，数字成为企业数字化生态系统内部各企业之间交流的统一语言，网络成为数字化生态系统中企业运作的平台。数字化管理是在企业数字化生态环境下的企业管理方式。

企业数字化生态系统包含三个层次：网络层次、供应链层次和企业内部供需链层次。

麦特卡尔夫定律表明，网络的价值与网络用户数量的平方成正比（即 N 个节点连接在一起创造的效益为 N^2），随着加入互联网的企业越来越多，互联网的价值也在迅速增加。当互联网逐渐成为生态系统赖以生存和发展的基本要素后，其便成为企业之间交流和开展商务活动的标准平台。这一标准将成为事实上的强制因素，现代企业要么加入这一标准获得生存、取得发展，要么拒绝这一标准而被排除在企业生态环境之外陷入困境。

企业供应链是以核心企业为中心，供应商、生产商、销售商和顾客连接在一起构成的需求供应链。供应链的物流、资金流和信息流在供应链企业之间流动，其中信息流主导着物流和资金流的运动，并能表示资金流，部分程度上代替物流。信息流在企业之间流动，需要企业之间的接口统一，信息标准统一，以二进制数字为标准语言，建立相互之间的连接。因此，对于企业供应链的管理必须是数字化管理。

企业之间的连接，包括互联网和供应链，已经成为企业外部生态环境。为了适应外部环境的变化，企业内部各部门之间的连接，也就是企业内部的供需链，必须能够适应外部连接的需要，逐渐数字化。企业内部各部门之间的数字化，不仅能够使得企业内部资源的配置更为快捷、成本更低，也为企业能够融入外部数字化生态环境提供了便利。企业内部的数字化，既是企业追求利润的结果，也是对企业外部压力的应变。

另外，随着以追求单赢为唯一目标的、零和博弈式的完全竞争，转变为以实现双赢或者多赢为共同目标的协同竞争观念的出现，企业之间相互信任、相互合作与协同，企业联盟、战略联盟、合同外包、虚拟企业等形式逐步出现。企业与竞争对手之间的联系更加密切，企业所在的食物链除纵向的需求——供应链之外，出现了与竞争伴生的"共生"和"共栖"等现象，表现为横向的协同竞争链。

纵向的需求——供应链与横向的协同竞争链纵横交织，构成了企业外部环境的"食物网"，这一网络通过数字化手段连接而成，"食物网"内部的企业之间的交流与协作只能通过数字化手段来实现，这些企业便形成了数字化生态环境，在这样的生态环境下，单个企业的管理只能是数字化管理。

二、企业内部动力

（一）企业发展战略的需要

企业战略通过企业战略管理来实现。企业的战略管理包括战略制定、战略实施和战略评价。现代信息技术正在应用于企业战略管理的全部过程中，企业战略决策来源于对企业内外部环境数据的综合掌握和分析；企业战略的实施过程需要通过企业数字化管理，将各种战略指标分解量化，并在企业的生产经营过程中不断收集与指标相关的数据，汇总分析，找出与战略指标的差距，并采取进一步的措施；对企业战略的全面评价，需要科学的数字化模型来进行综合的分析判定。所以，企业战略管理需要借助于数字化管理来实现。

低成本战略、差异化战略和市场细分战略，是企业竞争战略的三种基本策略。

1. 低成本战略。低成本战略是指企业通过加强内部成本控制，在研究开发、生产、销售、服务和广告等各领域里把成本降到最低限度，成为行业中的成本领先者。企业凭借其成本低的优势，可以在竞争激烈的市场中获得有利的竞争优势。这一战略强调以较低的单位成本价格为价格敏感用户生产标准化的产品。

2. 差别化战略。差别化战略是指企业通过向顾客提供区别于竞争对手的、独特的产品或服务来获取竞争优势。这一战略旨在为价格不敏感用户提供某产业中的独特的产品或服务。

3. 市场细分战略。市场细分战略又称集中化战略，它主攻某个特殊的顾客群、某产品线的一个细分区段或某一地区市场，旨在提供满足小规模用户群体需求的产品或者服务。这一战略依靠的前提是公司业务的专一化能够以更高的效率、更好的效果为某一狭窄的战略对象服务，从而超过在较广阔范围内竞争的对手。波特认为这样做的结果，使公司或者通过满足特殊对象的需要而实现了差别化，或者在为这一对象服务时实现了低成本，或者二者兼得。这样的公司可以使其盈利的潜力超过产业的普遍水平。这些优势保护公司抵御各种竞争力量的威胁。

综上所述，数字化管理为三种战略的实施带来了巨大的优势。低成本战略通过降低企业费用支出来实现，数字化管理不仅通过信息流代替资金流、商流，以及部分传统的信息交流活动，而且能够优化企业的物流，成为降低企业成本最有力的手段；差别化战略基于企业的网络化经营，网络将企业、供应商、利益相关者，以及客户联结在一起，电子手段可以通过点对点的方式，以极低的成本，将交流的双方联系在一起，并可以双向式交流，从而为企业的个性化产品和服务提供了基础。同时，数字化管理方式将企业的生产经营活动与顾客的需求紧密联系在一起，顾客个性化的需求，能够通过数字化管理方便地改变产品和服务的可能组合，并不增加成本。市场细分战略实施中，借助互联网，企业能够交互式发现细分的市场，并为这一市场的顾客提供更为周到和丰富的服务，同时能够控制成本。

（二）企业生产经营的复杂性

随着技术的发展和客户需求的多样化、个性化，企业产品和服务的复杂程度在不断提高；市场竞争日趋激烈，企业生产经营方式更加丰富；企业所处的环境变化更加剧烈，企业需要有更加灵活多变的发展策略。这些使得企业内部资源配置的复杂性增加，供应链的复杂性增加，企业所处环境的复杂性增加。

随着企业规模的不断扩大，企业组织在资源配置过程中，涉及的人、财、物、信息等资源要素的数量不断增多，各要素之间的联系更加复杂，配置方式更加多样化。

同时，由于分工更加细化，协调工作的数量急剧增加，企业组织的部门专业化程度也在不断提高，部门之间的协作更加复杂。传统企业通过明确分工、划分职责、规定工作流程等方法来实现对生产经营复杂性的管理。但是，随着资源配置和企业管理活动复杂性不断提高，这些方法的可行性和有效性在逐渐降低，管理幅度和管理层次结构之间的矛盾协调越来越困难。数字化管理通过对企业内外部资源的数字化表示，可以在现代管理软件等工具的支持下，通过数字化活动实现对代表着企业人、财、物等资源的优化配置，扩展管理能力。同时，数字化管理提供了企业资源信息的共享能力，减少了信息无效流动带来的复杂性；数字化管理下的组织能够更好地学习，企业知识的积累和传播更加方便，员工的学习能力不断增强，员工的自组织行为将降低企业传统管理的复杂性，他们可以根据具体的情况自主采取措施，及时应对各种变化，而不需要层层上报批准后执行。

企业的供应链更加复杂，在经济全球化环境下，由于企业的市场空间范围空前扩大，企业的合作范围更加广阔，企业供应链的动态性和复杂性不断增加。同时，在日趋激烈的市场环境中，单个企业的竞争往往很难获胜，企业之间的竞争逐渐转变为供应链之间的竞争。因此，企业所处的供应链更加复杂，且动态多变。通过企业间的协议和管理协作实现对企业供应链的管理已经过时。企业供应链管理的核心是企业资源和协作信息的有效、合理利用，企业数字化管理方式通过数字化手段，解决了企业之间信息传递的难题，同时能够根据市场环境的变化快速做出相应的联动调整，保证了企业供应链的畅通、灵活和快速响应。

随着企业内部资源配置、企业供应链及市场环境的复杂性不断提高，企业必须像有机生命体一样，能够随时感觉到企业环境的变化，并对其做出合理的判断，采取果断的行动。只有能够适应快速环境变化的企业，才能够抢得市场先机，获得生存和发展。为了随时发现、及时响应环境变化，企业必须具备数字神经网络，通过各种遍布企业全身的传感器感觉到变化，并将这些变化快速传递到企业的神经中枢，或者通过具有自组织能力的局部单元，对变化做出响应，并立即行动。这也是数字化管理的核心内容。

（三）数字化管理成为企业增强核心竞争力的有效手段

随着市场竞争的加剧和消费者消费水平的提高，以及企业所处内外环境的不断变化，企业的竞争和市场环境发生了变化。在工业化时代，标准化产品、统一市场、足够长的产品生命周期，形成了以规模、成本和质量为主的竞争内容；在网络经济时代，客户需求多样性、市场竞争瞬息万变、经济全球化，竞争内容转变为大规模定制、生产的柔性化和动态化，动态自适应企业系统具有更大的竞争优势。市场要求企业在第一时间内（快速）将（优质）产品投入准确的市场，并通过高效的信息反馈，进行新一轮的设计投入，即实现以"产品为中心"向以"客户为中心"的过程转变。

只有具有核心竞争力的企业才能在市场中获得生存和发展。核心竞争力（Core Competence），又称核心能力，它是指某组织内部一系列互补的技能和知识的结合，它具有使一项或多项业务在竞争领域达到一流水平、具有明显优势的能力。有的学者把核心竞争力定义为企业所具备的一种或几种领先于其他竞争对手的能力。也有学者把核心竞争力分为五个方面：（1）公司员工的知识和技能，（2）公司的技术开发和创新能力，（3）公司的管理和生产经营能力，（4）公司创造品牌和运用品牌的能力，（5）公司独特的文化和价值观。

用价值链分析法确定核心竞争力。通过对企业价值链的分析，明确企业的核心价值活动和核心业务流程，并通过企业数字化管理对这些活动和流程进行优化和重组，将它们固化在企业管理系统中。员工在相应的规则的指导下，其活动和业务流程将围绕核心竞争力展开。这样企业的核心能力可以得到迅速的构建并在生产经营活动中得以实现。同时，企业核心能力在一定程度上可以通过数字化管理获得。

为了降低成本，提高质量，快速响应顾客的需求，企业必须利用现有的计算机和网络技术、软件技术对企业的产品研发、生产、营销等过程进行数字化管理；为了实时准确地与供应商、分销商及顾客进行信息沟通，企业要对供应链进行数字化管理。

（四）数字化管理是实现传统产业跨越式发展的有效手段

当今社会进入了信息时代（或者称为知识经济时代），信息技术、信息产业和信息应用的发展空前迅猛，极大地推动了社会进步和经济发展。作为生产力中最活跃的因素——科学技术，尤其是现代信息技术，成为充分挖掘传统产业潜力，增强传统产业的竞争力的有效手段，成为改造传统产业，实现传统产业跨越式发展的有效手段。数字化管理正是利用数字化手段，用数字流来最大限度地提高企业物流、资金流、信息流的效率和效益。数字化管理最根本的作用，在于与传统产业相结合，将先进的管理思想和方法，用计算机和网络等信息技术手段，固化在企业的生产经营管理中，用信息技术改造传统产业，促进传统产业更快更好的发展。

三、人的因素

在数字化管理的系统动力因素中，人的要素占主导地位，并且融合在企业外部环境压力要素和企业内在发展要求的动力要素中，与这些因素共同推动企业数字化管理的应用和发展。人作为诸多系统动力因素中的主动者，直接感受着企业的压力并不断发现和挖掘企业发展的动力，是企业数字化管理的直接推动者。

首先，企业高层管理者对数字化管理的认知程度和重视程度是第一动力要素。高层管理者在战略选择和战略实施过程中发挥着主导作用，数字化管理作为企业战略的组成部分，当管理者认识到其对企业的战略意义后，往往将其作为企业变革和发展的重要推动力来看待，引导企业管理的方向。高层管理者在企业中具有决策权和行政管理权，对职员的思想和行动有较大影响力。管理者往往利用各种激励措施，使得数字化管理作为企业的战略，并在企业的日常管理中逐步实施。

其次，企业的中基层管理者是上层管理者和下级员工之间的桥梁和纽带，担负着企业的主要日常管理工作，对企业管理变革的需求最明显，是企业数字化管理的直接动力因素。当中层管理认同了企业数字化管理并对其持积极的支持态度，中基层领导才会身体力行，最终取得非常好的效果。只有在这样的良性循环下，企业数字化管理才能变为现实。

最后，企业员工的素质和利益关系、专家和顾问的咨询能力，都是企业数字化管理的推动因素。

第四节　数字化对企业管理的影响机制研究

企业管理以信息活动为基础，数字化对企业管理的影响是通过数字化对企业信息活动的作用来体现的。

一、数字向量（现代信息技术下的信息作用力）

数字化是如何作用于企业信息活动，进而作用于企业管理的呢？其关键点在于现代信息技术条件下的信息作用力，本书中引入"数字向量"这一概念来表达信息作用力和现代信息技术能力的这种协同作用力，用它来分析数字化对信息活动甚至传统企业管理的变革作用机制，从而揭示数字化对企业管理的影响机制。

首先，叙述数字向量两大协同作用力：信息作用力和现代信息技术能力，在此基础上提出"数字向量"的概念，并分析其内涵。其次，为了表达"数字向量"对企业管理变革能力的大小，引入"数字能量"，为后文分析数字化对企业管理的影响机制打下基础。

（一）信息作用力

为了表达信息的作用力大小和方向，引入"信息作用力"的概念。

力作用于物体，使得物体的运动状态发生改变。与力的概念类似，信息作用力作用于能量系统（即行为系统，如由人组成的组织及组织的活动等），并使其状态发生改变，见表4-1。

表4-1　力的系统与行为的系统比较

	力的系统	行为的系统
对象	物体	事物
作用方式	作用力	信息作用
状态改变量	加速度	确定性加速度力
状态量	速度	确定性
能量	动能（能量）	负熵

信息作用力使事物的状态发生改变，正信息向量使得事物向确定性方向改变，负信息向量使得事物向不确定性方向改变。确定性是衡量事物系统有序度的量；确定性大小和方向的改变称为确定性的加速度。事物的有序度称为负熵。信息作用力有两个要素：信息量大小和信息方向。

信息量：信息量的大小。信息量表明信息所含内容对管理决策的价值，即信息价值＝得到该信息时的效用期望－没有此信息时的效用期望。

信息方向（信息矢量）：信息作用力的方向。信息方向规定了信息作用的目标，对信息活动起着导向作用。信息量只有朝着信息方向指示的目标作用于客体，才能消除或降低其不确定性。

在企业中，信息作用力方向在总体上要与企业目标一致。在具体的信息活动中，信息作用力方向指向活动目标，但所有信息活动的目标最终都指向企业目标。信息作用力在组织中所处的层次不一样，信息活动的目标也不一样，信息作用力的目标也有所不同。在企业的业务层，信息活动的目标指向具体业务目标；在战术管理层，指向企业某一业务领域的目标；在战略层，指向企业总体战略目标。信息作用力从业务层的分目标指向战术层的某一领域目标；战术层的各领域目标集中指向企业的整体战略目标。

（二）数字向量的信息技术背景

企业的信息活动建立在信息基础设施上，并通过信息技术手段来实现。信息技术的每次飞跃都会促进信息应用深度和广度的革命性进步，截至目前，信息技术已经经历了五次飞跃——语言、文字、印刷术、电话电报、计算机和网络数字（简称"现代信息技术"）。尤其是计算机和网络等现代信息技术，对信息在企业中的应用产生了更为深刻和广泛的影响，它比电话在企业中的应用更具革命性。

企业中的信息技术随着社会经济的发展而发生变革，在网络经济和电子商务环境下，计算机和网络等现代信息技术影响着社会经济生活的各个方面。尤其是企业，现代信息技术企业经营管理中的应用日益深入，并促使企业管理发生变革。现代信息技术应用于企业管理后，企业管理逐渐向数字化管理转变。企业管理的信息活动本质，以及信息活动的数字化，使传统的企业管理发生了量变和质变，数字化管理成为信息时代企业管理的主要模式。

1．现代信息技术能力概述

信息技术（IT），指获取、传递、处理、再生和利用信息的技术。区别于传统信息技术（文字、电话、传真等），以计算机和通信技术为标志的现代信息技术是信息处理的革命性方法和手段，它从根本上打破了信息处理的时空约束。

现代信息技术的迅猛发展，为信息活动的数字化创造了条件。现代信息技术在信息的存储、传递、数据处理、人机交互等方面，远远超过了人脑（见表 4-2），为以人的智力活动为主要特征的企业管理的变革和创新提供了契机。

表 4-2　现代信息技术及其能力

项　目	技　术	能　力
信息存储能力	以 GB、TB 为单位的大容量，高速磁、光存储技术； RAID 技术、NAS、SAN 技术、多媒体技术等	高速、大容量数据存储； 多媒体信息快速存取和检索
运算处理能力	CPU 技术（制造工艺、指令集、多媒体处理、结构）、数据处理技术（SMP、并行处理）	超级运算与处理速度； 并行数据处理能力； 数据处理自动化

续表

项 目	技 术	能 力
通信与网络能力	组网产品与技术； 数据通信技术； 互联网技术； 协议标准	高速数据传输能力； 消除数据在时空上的隔离； 资源共享
数据组织能力	数据库技术； 存取技术； 数据分布技术	数据集成； 数据共享； 高性能海量数据管理
数据操控能力	程序语言技术； 软件工程技术； 数学过程和逻辑过程的技术支持； 人工智能技术	现实过程的机械化与自动化； 现实过程的计算机模拟； 模仿人类智能
人机交互能力	数字、语音、图像、动画； 扫描、机械与光电技术； 录入与输出技术	信息技术的利用更加容易和方便，降低人机交互的障碍； 促进数字化工作方式

有人将现代信息技术的内容进行了概括并用"3A""3C""3D"来表示。"3A"，即工厂自动化（Factory Automation）、办公自动化（Office Automation）、家庭自动化（Home Automation）；"3C"，即通信（Communication）、计算机（Computer）、控制（Control）的结合；"3D"就是数字传输（Digital Transmission）、数字交换（Digital Switching）、数字处理（Digital Processing）三结合的数字通信。

2．企业价值活动对应的现代信息技术

现代信息技术作用于企业生产经营的所有环节，尤其是企业管理的信息活动，其数字化倾向更为明显。现代信息技术作用于企业的主要活动和辅助支持活动（见表4-3）。

表4-3 现代信息技术对企业价值活动的作用

	价值活动	现代信息技术的应用
主要活动	输入系统	电子商务、物流管理系统
	作业生产	制作管理系统、企业资源管理系统
	输出系统	配送系统
	市场和销售	客户关系管理系统、销售管理系统
	服务	呼叫中心

	价值活动	现代信息技术的应用
辅助支持活动	组织机构	邮件系统、公文管理系统
	人力资源系统	人力资源管理
	技术开发	辅助设计
	采购	供应链管理

3. 企业的管理信息系统

现代信息技术下的企业信息活动集中体现在企业的管理信息系统（Man-agement Information System, MIS）上，作为企业数字化管理的主要手段，是数字化管理在企业管理活动中的具体化。

通常，管理信息系统被定义为以管理为目的，对信息进行输入、存储、处理、传输和输出的系统。随着信息技术的迅猛发展和在企业中应用的不断深入，人们对 MIS 的概念、内涵及对企业管理作用的认识在不断演变和深化。管理信息系统是一种集成化的人—机系统，它能为一个组织机构的作业、管理和决策职能提供信息支持。该系统要利用计算机的硬件和软件，手工规程，分析、计划、控制和决策用的模型，以及数据库。

（三）数字向量的本质、大小、维度

信息作用力能够降低企业管理信息活动的不确定性，现代信息技术能力使得信息作用力对不确定性的消除作用更加广泛和深刻。为了表达这种深刻的变革力，本书引入了"数字向量"这一概念，用它表达在现代信息技术背景和企业管理变革的大环境中，信息作用力对不确定性的消除，以及对企业管理活动的变革力。

1. 数字向量的本质

数字向量的主导是信息作用力，现代信息技术能力从多个维度对其起到强化作用，使信息活动实时化、互动化和网络化，对不确定性的消除作用有了质的飞跃。因此，现代信息技术下的信息作用力、数字化信息作用力，就是数字向量。数字化的作用，也就是数字向量的作用。

数字向量是多维度空间向量，各个分量在不同的维度增强信息作用力。各分向量的合力构成了数字向量的主矢量数字化信息作用力，如果用 a 表示主矢量，an 表示分向量，则数字向量可以表示为：

$$a=(a1,\ a2,\ a3,\ \cdots,\ an)。$$

2．数字向量的大小

数字向量的大小是数字向量的"信息熵"，是现代信息技术能力与信息作用力协同作用下对不确定性消除的度量，是信息作用力的信息量与现代信息技术能力对不确定性消除的加强作用的矢量和，在总体上大于信息量和信息技术消除不确定性加强作用度量值的简单算术和。数字向量的整体信息熵为各分向量的信息熵之和，如果用 Ha 表示数字向量的信息熵，用 Ha 表示数字向量分量（各维度），则：

$$Ha=Ha1+Ha2+Ha3+\cdots+Han$$

3．数字向量的维度

数字向量是 n 维的作用力束，各个维度的作用力性质和大小互不相同，对其共同的作用对象产生不同的影响力。按照数字向量作用力的性质，数字向量的主要维度为定量化、网络化、实时化、电子化、导向化、互动化和虚拟化。这些维度构成了数字向量作用力的简化模型。

二、数字化管理变革的基本原理

数字向量对企业管理系统的变革基本原理，主要为变革的动力学原理（数字向量作用于企业管理并引起管理变革，本书称作数字"动能定理"）和运动学原理（数字向量作用下的企业管理变革过程）。

（一）数字"动能定理"

如果将企业管理活动和涉及的管理主客体看作管理系统，当数字向量作用于企业管理系统时，企业管理产生了量变和质变，这些变化不断地积累，使得企业管理系统的能量增加，企业管理具有更高的效率和更好的效果，这一过程称数字"动能定理"。

数字"动能定理"表明，数字向量作用于企业管理系统的过程，实质上是数字向量向企业管理系统做功的过程，即通过数字向量的"信息熵"向企业管理系统释放，管理系统的不确定性不断消除，企业管理系统的能量增加，企业管理因此具有了相对于数字向量作用前管理要素和管理过程具有的势能，这种势能使数字化管理与传统管理相比，其效果和效率发生了革命性的变化。

（二）数字向量作用下企业管理变革过程

企业管理以信息活动为基础，信息作用力直接作用于企业管理活动过程，降低或者消除了管理系统的不确定性，实现了管理的计划、组织、控制和领导功能，达成企业目标。数字向量使得信息作用力的"做功"过程发生了质变和量变，使管理信息活动更加定量化、网络化、实时化、电子化、互动化和虚拟化。

1. 定量化。管理系统定量化使管理对象、管理过程、管理方法定量化。管理过程中的纵向和横向比较以及优化算法，提高了传统管理中的决策优化程度和管理效果。

2. 网络化。网络化使管理要素、管理活动的各个环节及管理对象之间处于紧密联系中，管理过程中的联动性和互动性有了很大的提高。

3. 实时化。管理信息活动中信息的传递消除了时空限制，信息能够在需要的时候送到任何需要的地方。

4. 电子化。"用电子替代原子"，原子（物质）管理成本高、速度慢、麻烦多、误差大、风险高；而电子（信息）管理具有成本低、速度快、效率高、精确和安全的特点。管理信息活动的电子符号表示，通过信息流表示和优化物流、资金流，实现传统管理所没有的效果。

5. 互动化。管理活动中管理主体与客体不断交流，管理要素之间也在不断互换，信息互动化使管理决策更加符合客观现实，管理过程更加有效。

6. 虚拟化。虚拟化指管理过程中主体与客体的虚拟化，虚拟化不仅提高了管理的灵活性，还降低了管理成本。

第五章 企业财务管理的数字化转型

第一节 财务管理数字化转型的必然性

随着大数据、云计算和人工智能技术的出现，数字化转型影响着社会经济的方方面面，推动着企业经营模式的创新，也推动着企业管理形态的转变。数字化转型对企业管理产生了深远的影响，促使企业管理结构、经营模式、财务管理等体系产生变革，也促进了企业财务组织管理机制的改进和模式的创新。

在企业财务数字化转型实施与推进的过程中，企业财务工作的重心也出现了转移，由传统的以核算为主的财务开始向数据支持下以全面管理和决策服务为主导的智能化、数字化财务转变。智能化、数字化财务为企业财务组织管理工作带来了有效手段和诸多便利，提升了企业财务信息的安全性，增强了财务管理的协调性。以智能财务为发展目标的财务数字化转型已成为企业创新发展的必然趋势。如何借助现代信息技术，充分利用大数据技术和人工智能等手段，推进企业财务管理数字化建设，实现企业财务数据价值的效益最大化，已经成为企业管理层面临的宏观挑战，也是财务管理人员面临的实际问题。

一、财务管理数字化转型的含义

财务管理数字化转型是指企业将大数据、云计算等技术运用到财务管理中，有计划地重塑财务管理工作流程，利用一切可用的财务信息资源，打造一体化的生产管理模式，提高财务管理效率，为企业产业链项目管理提供优质服务，并且为管理层决策提供可靠依据。随着数字经济的发展，企业很多线下业务转为线上业务，企业不得不加快数字化转型。在企业经营管理中，财务管理作为核心环节，应当借助信息技术尽快进入数字化转型期。在转型过程中，不仅要建立财务共享服务，有机整合财务与业务数据，有效提升财务共享服务水平，而且要结合企业发展实际，强化财务部门与其他部门的协作，不断提升财务管理能力，为企业健康稳健发展提供强大助力。

二、财务管理数字化的意义

（一）提高工作效率的迫切需要

企业的财务管理关系到企业经营管理的各方面，产生了大量的财务报表信息。在传统的财务管理工作中，这些大量的财务报表数据存储起来，更多的是用于事后备查，很少被主动用于分析利用。同时，财务管理工作还存在相关财务数据收集不完全和不及时的情况，甚至出现财务数据的丢失和遗漏等问题，所谓"信息孤岛"的问题也时有出现。上述问题的存在，影响了企业财务数据发挥作用的准确性和时效性，有的甚至还会造成企业决策和经营方面的风险。

推动企业财务组织管理的数字化转型工作，企业财务组织管理利用信息化技术，采用快捷的通信方式和云存储技术，突破了传统财务数据信息处理上时间与空间的限制，可以实时完成报表输出、审计稽查和信息查询等基本的业务工作，提高了企业的资金使用和运转效率。

企业通过构建完善的信息技术系统，按照规范的流程实现了财务数据信息在企业内部安全有效传递、快速准确共享，同时又可以实现对财务数据信息的有效监控。企业还能够充分利用各种财务业务数据开展大数据分析，提高财务相关业务数据信息的利用效率，支持企业经营决策的优化与调整，支撑企业市场竞争力的不断提升，同时也有助于企业获得更高的经济效益。

（二）提升管理水平必要路径

企业财务管理数字化转型，可以促使企业在大数据和云存储的信息技术条件下，有效发挥云计算和网络平台等的优势，全面分析评估企业的财务状况，监控企业财务管理的各项指标数据是否正常，对企业经营活动呈现直观形象的分析结果，为经营管理提供有价值的参考和决策依据。

数字化转型推动企业将财务管理工作和业务经营活动进行深度的融合，能够更快速及时地针对企业的财务情况、业务经营内容进行合理规划、有效管理和科学决策，可以促进企业经营效益的最大化。

随着财务数字化转型工作的深入推进，企业财务管理部门将建设技术先进的信息化管理体系。同时，财务管理方面也实现了组织重构和流程再造，智能先进的数字化财务管理系统将企业的业务运营、销售管理和决策支持等系统融合联结。这些方面改进了企业财务管理模式，也全方位提升了企业的经营管理水平。

（三）强化决策支持功能

不同于信息技术时代，数字经济时代的数据是生产要素的组成部分，已成为企业经营活动中的战略资产，企业的财务、业务数据更是企业经营的核心战略资产。

企业可以通过大数据和云计算等技术，构建企业财务相关的数据仓库，采集、汇总财务业务相关数据以及经营、销售等非财务业务的数据，包括固定形式化和结构化的数据，以及动态、非形式化和非结构化的数据。

以财务共享为基础的智能财务数字化系统，充分利用各种模型和算法，分析数据的关联关系，挖掘数据内涵的规律，发现有价值的规则信息，提供实时有效的分析结果，为企业经营发展提供财务评价等，充分发挥了数字化转型后的财务管理智能化。

财务管理数字转型不断采用各种新信息技术，自动化和智能化代替了人的手工处理，财务业务中数据采集与处理的效率将显著提高，财务管理部门可以将更多时间和精力投入更具价值、更具挑战性的数据分析工作中，创造性地输出各种辅助决策的报表和分析报告，为决策层提供科学合理的决策依据，为经营者提供有效的经营预测信息，帮助企业发现问题、洞察趋势、把握商机。

（四）增强风险控制能力

数字化转型构建了智能财务信息系统，并促进其与企业其他信息系统形成更广泛的联结，这使财务管理的数据来自多渠道和多途径，数据源更加广泛和全面，数据的可追溯性更强、透明度更高。

大数据和云计算等信息技术的运用，使构建的信息系统具有能够快速响应的基础架构与业务流程，能够及时识别危机和反馈风险。区块链技术的应用，保证了财务数据不可篡改、可追溯、加密和具有共识性，便于系统能够及时识别数据的异常，保障数据的安全性和准确性，从而使可能的财务造假、业务舞弊的难度大大增加。技术的先进性保障了风险的降低。

数字化转型促使财务信息系统与业务信息系统深度融合，数据共享成为常态，减少了多渠道数据采集产生的数据不一致，降低了数据采集的风险。数据共享和智能加工等手段的采用，实现了财务业务流程的标准化，数据的标准化和格式化得以加强，数据处理的容错能力得以提升，有效地降低了数据有效性风险。

数字化转型推动了财务内控机制的自我完善，数据的治理与风险的应对能力得以提升。财务部门的辅助决策支持职能体现在利用大数据和人工智能技术分析处理财务相关数据，这些财务数字化工作均有助于风险识别和防范。

三、企业财务管理数字化转型发展趋势

（一）国家相关政策文件出台，为数字化转型提供驱动

近年来，我国数字经济快速发展取得了显著的成就。大数据等信息技术不断创新，逐步运用到企业生产管理过程中，给企业经营带来了持续性影响。财务管理是企业管理的核心，财务部门也是企业的核心部门，因此在数字化转型中财务管理将会成为先驱，优先进行转型升级。在转型进程中，为了做好顶层设计，促使企业财务管理明确具体的数字化转型方向，国家根据实际需要出台了相关政策文件，推进财务管理尽快实现数字化转型。其中，国务院于 2021 年 12 月印发了《"十四五"数字经济发展规划》，该文件明确提出，加强对企业数字化思维的指引，为企业财务管理的数字化转型提供推动力量，促进企业数字化管理能力的有效提升；2022 年 2 月，国资委在《关于中央企业加快建设世界一流财务管理体系的指导意见》中也强调，企业应当加强数字技术与财务管理的融合，建设健全的财务管理体系，为企业持续健康发展提供基础保障。这些政策文件都明确强调了财务管理数字化，这些政策内容为企业开展财务管理数字化转型发展提供了方向，对于推进企业数字化进程有积极作用。

（二）税务部门加大涉税风险监管，为财务管理数字化转型提供驱动

为了深入落实税收征管改革意见，税务部门加大了涉税风险监管力度，想方设法提升监管水平。这些都为企业财务管理数字化转型提供了驱动力，促使企业一改过去面对税务稽查的被动情况。通过加快数字化转型，企业可以实现自身业务与税务信息的高效化对接。在财务管理数字化转型过程

中，企业可以根据自身实际特点，建立税务信息共享平台，与税务征收机关征管平台有机衔接起来，不断提升税务筹划水平和税务分析能力，更好地满足企业发展需求。另外，企业还应当通过信息共建共享平台加强税务管理，有效解决当前企业涉税业务多、纳税主体多等难题。

（三）信息技术广泛应用，为财务管理数字化转型提供驱动力

纵观人类社会发展历程，但凡重大技术变革，都会对人们生产生活、经济社会发展等带来巨大影响。相应地，大数据、人工智能等信息技术在各个领域的广泛应用，也会给企业发展带来深远的影响，为他们重塑财务管理流程提供强大驱动力。财务管理是企业管理的核心环节，更要加强对各种信息技术的应用，将数字化技术与财务管理深入结合，进一步提升财务数据信息的准确性，保障企业财务管理更高效，不断拓展财务管理应用的范围，从原本的财务核算分析发展为覆盖企业生产经营全过程的数据储备，实现数据信息实时共享与传递，真正实现财务管理的创新发展。

四、企业财务管理数字化转型的策略

（一）更新财务管理理念

观念决定了行动方向和行为结果。企业财务管理数字化转型在观念上必须与时俱进、思维更新。在当前的数字经济时代背景下，企业的财务组织管理需要树立大数据的观念，坚持创新财务组织管理模式，树立企业财务管理工作与企业的具体业务融合的理念，财务管理要全方位地进行数字化转型。根据实际需要制定科学可行的转型发展规划，保障数字化转型的尽快实现。

首先，企业应当积极转变财务管理观念。传统观念下，企业财务管理工作过于注重数据核算与分析，存在一定的局限性。但是在数字经济下，企业财务管理方式应当是多元的，不仅要进行财务数据核算与分析，更要利用信息技术深入挖掘和分析财务数据信息，发挥财务数据的最大价值，为企业经营管理提供优质化的服务。此外，部分管理人员对数字化转型的认知不足，认为财务管理的数字化转型只是应用信息技术和财务软件对财务数据进行处理，作用是提高财务管理效率，忽视了对财务管理数据的挖掘和分析，没有将这些数据信息的价值充分发挥出来，导致管理数据化与数字化进程相脱节。因此，企业管理人员必须更新财务管理观念，深化对

数字化转型的认知，利用大数据等技术深入挖掘财务数据的潜在价值，为企业管理决策提供科学依据，进而推动数字化转型进程。

其次，企业应当制定科学完善的转型发展规划。财务管理数字化转型涉及的部门较多，涉及的范围也比较广，因此整个转型过程是一个复杂且长期的过程，需要从全局出发，做好转型发展规划，为数字化转型的顺利进行提供保障。在具体实践中，企业应当结合财务管理特点和自身发展实际制定相应的转型发展规划，明确数字化转型的目标和重点，有序实施财务管理数据化，促使各项工作有序推进。从宣传角度出发，企业应当大力宣传数字化转型的重要性，让数字化转型理念深入人心，同时使财务人员体验到数字化管理的便捷性与高效性，从而全员达成共识，积极配合财务数字化转型的开展；从设备设施角度出发，企业应当加大资金投入，根据数字化转型要求配备先进的设备设施，并且及时维护和更新，将企业财务、业务相关数据有机关联起来，实现财务数据的动态化管理。

（二）转变财务管理模式，加强业财融合

在传统财务管理的模式下，企业财务部门主要负责财务管理工作，对企业内部业务财务活动进行独立性管理，在管理过程中很少与业务部门沟通。这种模式下，财务管理决策与实际业务工作存在一定程度的脱节，难以为企业各项业务的开展提供支持。数字经济时代下，为了顺应时代发展趋势，企业需要加快数字化转型，结合自身实际建立数字化的财务管理模式。

首先，企业应当根据自身发展规模与能力水平，进行财务管理模式的创新。在财务管理中，发挥信息网络技术的优势，将财务与业务进行有机融合，将财务数据与业务数据融合，包括采购数据、销售数据等，深入挖掘数据信息的潜在价值，做出科学合理的发展决策，保障各项业务的顺利运行。

其次，企业应当强化财务与业务部门的协作，形成各部门联动机制，利用大数据技术充分掌控业务逻辑，促使业务与财务的协同发展。具体来说，财务管理人员应当灵活运用专业知识进行业务处理，及时发现并分析财务数据中的业务问题，并第一时间向业务部门反馈，协助业务人员解决这些问题，形成部门合力，有效规避财务风险，为企业经济效益提升提供保障，使企业在市场竞争中占据优势。

（三）加强财务管理队伍建设，推进数字化转型

新时代背景下，企业要想加快数字化转型速度，需要强化财务管理队伍建设，推动财务管理队伍的数字化转型。

首先，企业应当制订数字化培训计划。结合财务管理人员实际，自上而下进行相关培训。定期组织数字化财务管理培训活动，主要围绕数字化财务报账、数字化平台操作等方面展开，此举能够有效提升他们的综合能力和素质，打造一支高素质的财务管理队伍，为数字化转型提供人才支撑。

其次，企业应当构建业务学习机制。企业应当营造数字化氛围，重点培育财务人员的数字化思维和终身学习理念，增强他们对数据的敏感度，促使他们参与到业务活动中，进一步提升数据分析能力和应用能力，为财务部门建设一支学习型的队伍。

最后，企业应当完善绩效考核机制。对于大部分企业来说，财务管理数字化转型是一个复杂的过程，需要由财务部门牵头构建科学完善的考核机制，将财务人员的主动性调动起来，促使他们全身心地投入数字化发展转型中。因此，企业应当根据实际需要制定科学的考核指标，对财务人员在转型过程中的工作实效进行考核，发挥激励作用，促使其积极参与数字化转型，为企业数字化转型做出更大贡献。

（四）提升人员数字化水平

企业财务管理的数字化转型面临着新的情况，转型的过程需要信息技术被充分应用。无感数据采集、数据录入机器人和智能数字终端的应用，不仅替代了财务从业者的手工劳动，更改变了财务管理的组织形式，创新了财务工作的职能定位。在传统财务向智能财务的数字化转型中，企业财务管理人员需要具有扎实的专业知识和技能，以确保能够胜任数字化财务的岗位。

在新的数字经济环境下，企业的财务管理既要承担财务核算等基本工作，又要能够创新财务服务模式，实现对企业经营决策的支持。数字化转型在客观上需要财务从业人员不仅要具有财务业务管理处理能力，还要对大数据处理等相关技术深入理解和灵活应用。数字化转型从建设财务数据共享中心、各种数据分析算法模型的应用，到业务流程的重构等方面，都需要财务人员既掌握财务专业知识且能够进行财务实际操作，又可以完成智能财务算法模型的使用，进行财务的大数据分析。

企业必须足够重视人才的培养工作，培养具有大数据创新思维的新型复合型财务管理人才，全面提升财务管理人员的数字化应用能力和水平，才能成功实现财务管理模式的数字化转型。

（五）完善技术系统支撑

随着数字技术的发展和数字化应用程度的提高，企业财务管理的数据量会越来越丰富、庞大，而且数据种类繁杂多样。安全、有效且顺畅地处理这些海量的财务数据，必须不断地更新技术，充分利用大数据、人工智能等信息技术，健全完善财务管理信息系统，实现财务管理信息系统的智能化。

在数字化转型的实施过程中，企业要建设一体化的数字财务信息系统，提供财务管理系统与企业相关职能部门业务系统的安全对接，通过整合再造财务管理模块和企业各业务模块，建立会计核算模块与企业各模块数据互通，从而确保企业各类业务与财务的有效融入。

企业要通过建设完备的数字化财务管理信息系统，转变传统财务原有的服务定位和管理职能，赋予数字化财务管理服务目标和职能定位，全方位提升企业财务的管理效能和服务水平。

（六）构建数据信息安全体系，保障财务数据安全

保证数据安全不仅是企业财务管理的重点，更是数字化转型的关键。因此，企业应当根据自身发展实际构建财务数据信息安全体系，为财务数据的安全提供良好的保障。

首先，对于规模较大的企业而言，其业务范围较广，涉及的部门较多，财务部门需要处理大量的数据信息。在数字化转型中，企业应当划拨专门的经费，为财务部门配置一套完整的设备和系统，为财务工作的开展提供必要的支撑。同时，在用户端布置完备的软硬件设备，专门负责外部用户信息管理。通过这种方式，将内外网络运用物理隔离方法分离开来，切实保障企业财务数据信息的安全性和稳定性。

其次，对于规模较小的企业来说，其内部部门相对较少，需要与第三方财务机构合作，选择适合的数字化系统。在选择过程中，企业管理人员应当到第三方机构实地考察，将考察的重点放在数据运营场所、运营资质手续等方面，根据实际情况签订财务管理数据保管责任书，对第三方机构

进行有效的约束，从而确保企业财务数据的安全。另外，企业应当从员工责任入手，制定科学的数字化平台操作规范，将信息安全责任落实到具体责任人，并且签署保密责任协议，通过这些措施规范企业员工的日常工作行为，从整体上保障数据使用的安全性。

（七）创新数字化管理体系

推进企业财务管理的数字化，需要全面彻底地重新定位财务管理部门的服务职能，优化组织管理的流程和创新设置面向数据分析处理的新岗位。

数字经济时代，财务管理部门的职能不能仍停留在传统的只作为财务的加工处理部门，这种定位已经不再适应新时代数字经济蓬勃发展的现实需求。财务管理部门的服务也不能局限于被动辅助支持企业经营活动的范围内，而应该突破传统的辅助服务角色，在企业的经营决策中发挥主动的数据支持作用。

数字化转型需要企业对财务管理部门的职能进行重新定位，突出财务管理部门在企业经营活动中的参与管理的地位，对财务管理部门参与企业经营管理建立完善的操作流程，在组织架构和制度建设上赋予财务管理部门参与企业决策的权力，发挥数字财务在企业管理决策中的支持作用。

数字化转型需要财务职能部门创新岗位管理，设置专门的战略财务分析岗位，专业从事财务数据分析和评估预测等创新性数据处理工作。

总之，在数字化转型过程中，企业财务管理的职能需要重新定位，工作流程需要重新优化，岗位需要重新定义。

五、企业财务管理数字化转型的实践

以某高速公路集团公司为例，从以下六个方面探讨企业财务数字化转型的实践工作：

（一）更新观念，树立数字化转型战略目标

某高速公路集团公司由运营、经营和工程三类多个分公司组成。其中，运营公司业务重点是高速公路过路费的收取和高速公路养护；经营公司业务是辖内服务区的设备租赁、广告经营和餐饮等基本项目的服务经营；工程公司则是负责高速公路相关工程项目的承接业务。该集团公司的分公司具有经营上的多样性和地域上的分散性等特点，造成公司财务存在财务

基础数据分散、财务信息化水平参差不齐、数据提供不及时、不能提供全方位多元化的决策支持等问题。针对财务管理的现状，集团管理层及财务主管参加了 10 多场专项学习，调研了 6 家财务数字化转型标杆企业，提高了认识，更新了观念。集团管理层从数字化转型的战略高度出发，树立大数据思维，寻求财务组织管理模式的创新，确立财务管理全方位数字化转型目标。同时，集团公司还积极深入探索管理模式变革，把互联互通、数据智能和资源共享作为财务数字化转型的战略目标，搭建集团财务数据共享平台，全面引入财务工具自动化，以公司的业务场景为服务目标，全面推进财务的数字化转型。

（二）系统规划，提升财务人员数字化水平

数字化转型需要财务运营团队成员既要具备财务业务基本技能和财务管理能力，还能够进行财务的大数据分析，灵活应用智能财务算法模型，创新财务服务模式。为此，集团公司系统制订了财务人员数字能力提升计划，并精心组织实施。一是规划了财务的实务操作、信息技术与大数据分析方法和数字化转型新业态等课程，并由各分公司组织财务在岗人员参加培训。二是针对数字化转型需要，引入专业的大数据分析技术人才，专门从事财务数据分析与建模工作。三是通过外派人员到数字化转型示范单位挂职学习，积累转型工作经验。四是建立专项考核制度，并与工作绩效挂钩，通过政策引导促进财务人员业务学习和转型能力提升。近三年来，每个分公司各安排 3 期财务人员专项培训，全集团引进大数据相关技术专业人员 5 人，财务外派挂职锻炼 4 人。通过财务人员数字能力提升计划的实施，财务人员的数字转型能力得到了显著提升。

（三）解决"孤岛"问题，实现互联互通

集团公司针对原有财务数据分散、数据汇总和数据提供不及时，不能实现财务数据实时监控，存在资金浪费现象等问题，把集团各业务部门和分公司的大量分散、重复的财务业务抽出，建立独立运作的业务模块，流程再造，实现财务数据的规范化和标准化处理。

面对分公司财务系统各自为政的封闭"孤岛"和不开放等问题，全集团搭建互联共享基础管控平台。在互联共享基础管控平台基础上，搭建了融为一体的"业、财、税"数字化管理应用系统，该应用系统基于 SAP H

ANA 核心架构，利用 SAP Fiori 和 SSF 架构作为开发工具，实现与集团公司的主控数据系统、办公自动审批系统、发票管控系统、企业商旅服务系统等多个业务子系统的集成，构成了一体化网络报账平台和业务与财税全方位融合、多个财务子系统集成的互联共享基础管控平台，打通了从财务报账申请开始，经审批、核算、支付和报告等全流程各环节，采用标准化统一的操作流程与控制、过程影像存储管理、资金支付安全检验等手段，实现财务相关业务处理流程的规范化、标准化和自动化。

通过互联共享基础管控平台的建设，将各类业务数据和财务数据集中于基础管控平台上，提供云端配置和全连接，实现集团公司财务数据的云化和远程共享。

（四）全面提升技术，实现财务工具自动化

在集团公司财务数字化转型具体实施过程中，具体业务的层面面临如下问题：各分公司的日常票据种类多而杂，票据录入是量大且跨系统的繁琐重复操作，票据的录入整体效率低；很多财务基础工作是大量重复记录与复核业务，这些业务耗时长，业务流程繁琐，人工处理难以提升财务管理的决策支持水平；集团公司的财务核心业务数据具有一定的商业机密性，操作与使用需要考量保密与安全，人工处理验证流程复杂繁琐；财务核算数据计算要求其准确性高，由人工计算处理往往容易造成各种引入错误。

针对财务业务中跨系统工作易出差错、流程繁琐、数据庞杂、重复操作工作量大、数据手工处理风险高和纠错成本大等问题，积极推进财务数据处理工具自动化建设，对记账、开票、对账和税务申报等重复的业务引入实时无感的信息收集和 RPA（Robotic Process Automation）等技术，由财务机器人完成票据的录入、资金台账的登记和网银对账等工作；由财务机器人利用 OCR（Optical Character Recognition）识别票据的有效性和合法性，完成税费核算，自动生成税费申报表，完成税费执行数据填写，实现申报的全过程自动化操作。

在银企对账方面，实现由财务机器人自动登录多网银下载银行流水，与集团公司内财务系统对账，每周生成对账表，每月月底生成银行余额调节表，自动发送邮件通知；在纳税申报方面，实现由财务机器人自动化导出财务报表、税金计算、生产报税模板，自动登录各省报税网站，填写申报表并提交；在自动开发票方面，实现由财务机器人自动配置待开票信息，

一键登录开票软件并填写，自动确认报送状态，自动进行发票分发与核对；在票据检查方面，实现由财务机器人自动化识别各种票据信息，登录票据查验平台进行自动化查验，并导出查验结果一键验收。

随着财务工具自动化进程的推进，深挖财务应用场景，开发了账龄自动化分析、财务报表自动填注和银企定时对账等近 80 个自动化应用进程，为实现财务共享奠定了基础。开发的特制单项处理进程可以实现子公司单项业务的个性化、小批量处理，处理速度和效率大为提高；在分公司资金余额变动自动截图监控、各类销售日报自动生成与汇总、支付宝等网络支付平台交易流水下载等方面，实现了面向需求的多种类、多任务、跨平台无缝互通与数据交换，时效性得到了显著提升；在财税对接方面，实现了自动开票和实时认证，各类申报表可以自动下载，高效快捷地自动化处理，节约了大量的人力成本。

通过引入财务自动化工具，提高了财务工作的效率，减少了手工操作的人为引入差错，提高了财务工作的质量。财务工具自动化全面实施以后，实现了由财务机器人根据规则自动核对数据，无须人工干预，可以实现 7×24 小时工作，工作效率和准确性双提高。由财务机器人按规定流程查询数据信息、审查与核对，操作全程可追溯，做到完全合规，提高了数据质量和一致性。由财务机器人代替人工处理敏感业务数据，避免篡改和泄漏，减少了欺诈和违规风险，并保证了企业核心敏感数据的安全。财务工具自动化的全面应用，改变了财务人员的工作状态，让员工更多聚焦于业务沟通、处理复杂业务工作，降低了员工的离职率。

（五）建构安全体系，应对转型新业态风险

通过数字化升级工程的实施，集团公司和分公司实现了"业、财、税"一体化数字化管理应用系统、"管、控、服"统一的人力资源管理系统、基础共享运行和个性化生产管控等 16 个子系统的互联互通和数据共享，财务数字化体系的快捷性、共享性和复杂度提升对系统的安全性也提出了新的要求。为此，通过引入区块链技术防止业务数据的非法篡改，做到面向数据的操作过程可追溯；通过数字化系统安全员岗位，监督检查各项规章制度的执行与落实，增强风险防范意识；充分利用大数据分析技术，建立财务关键点位风险分析模型，对重点岗位进行风险评估分析；建立数字化稽核制度，定期稽查财务信息系统的运行状态，同时聘请外部财务数字化专家对稽查结果进行评估。通过上述安全工作的开展，系统地构建财务数字系统风险防范的屏障。

（六）创新运营管理系统，树立场景服务目标

针对数字化转型后的财务新业态，创新运营管理体系，树立战略财务、业务财务和共享财务的目标导向。战略财务工作重点是财务管控与决策支持，关注集团公司及分公司战略决策制定、推进和执行结果评估；业务财务面向业务实际操作层面，职责是全面支持集团及分公司各项业务的开展，并获取经营相关数据等；共享财务则是以提供共享服务为目标，主要有规模化的财务数据加工和经营支持等。在具体实施中，全集团利用互联互通基础管控平台将财务管理延伸至业务经营环节，实现"业、财、税"融合的一体化管控；推进人力资源的数据标准化和规范化管理，构建全集团统一的人力资源管控系统；将原来分散在各分公司的销售业务集中于统一的销售管控平台上，重建组织架构，再造业务流程，实现集团的集中管控；确立管控、管理和服务定位，构建面向经营业务的财务共享服务体系，实现财务为业务场景服务的目标。

通过数字化转型建立的面向业务场景的服务有资金管理、一体化运营、发票管控和融资服务等。例如，资金管理系统实现集团公司和分公司的资金预算编制与资金结算、票据管理与银行账户管理、筹融资管理与呆滞账管理等业务的一体化服务，并建立全集团业务现金流的全流程监控；生产管理系统实现各分公司业务订单执行过程与财务成本核算有机结合，可以真实还原或反映项目的实际成本，实现项目成本的精细化核算与管理，提升了项目利润的分析能力和考核的可操作性，提高了公司对项目成本的管控水平；一体化运营系统能够实现派单管理、财务审核、绩效考核、质量监控、交互服务和信用评价等运营业务需要，确保业务各环节一体化管理和运营高效稳健。

此外，发票管控系统实现与税务管控系统、项目合同管理系统的对接，可以自动获取税务发票信息，记账实现发票信息的自动比对、验真和认证；人资服务平台提供了人资与财务、运营等系统的无缝对接和实时共享，人资薪酬可以自动过账至财务主系统，并利用在线审批和层级控制等技术手段，实现对机构和人员的财务额度管控。

通过上述面向业务场景的服务体系建构，有效地推动了集团资源管理

数据化和资源配置智能化。

第二节　智能财务

时代的发展推动了数字化变革，由此带来的数字经济成为各国经济发展的新源泉。在此背景下，企业的数字化转型成为顺应社会进步的潮流，同时也成为企业实现自身健康发展的必经之路。具体到财务领域，智能财务是企业数字化转型的重要体现。智能财务通过财务的数字化转型推动企业整体的数字化转型进程，为企业在日常财务管理与经营决策中发挥关键的作用，更好地帮助决策层进行智能判断、策略生成与策略选择。党中央十分重视将数字化引入财务领域，2021 年财政部发布的《会计信息化发展规划（2021—2025 年）》明确指出，要对会计数字化转型进行顶层设计，加速会计数据要素利用和流通，提升会计数据的处理能力和获取能力，有效发挥会计在宏观经济管理、资源配置中的重要作用。由此可见，智能财务已成为下一步财务工作努力建设的方向，故近年来引起了学术界和理论界的深刻探讨。

一、智能财务概述

智能财务基于人工智能、大数据等新兴技术，通过对海量财务信息进行分析和处理，为企业提供决策支持服务。相较于传统财务管理模式，智能财务具有以下四个特点：一是高效性。智能化系统可以快速准确地完成大量重复性工作，提高财务管理效率。二是预测性。利用大数据分析模型，结合历史经验和实时数据，智能财务可实现对未来经济发展的预测和规划。三是优化性。智能财务依托先进的算法和模型，不断优化业务流程和内部控制机制，提高财务管理质量和水平。四是安全性。智能财务采用多重加密手段保障财务信息的安全，防止信息泄露或被篡改。

二、智能财务的界定

智能财务的定义可以解决智能财务是什么以及如何做的问题。当前，关于智能财务的界定并没有一个官方的正式的答案，可以说是众说纷纭，莫衷一是。综合来看，可以将其总结为技术应用观、管理决策观及交叉融合观三种观点。

（一）技术应用观

技术应用观认为，智能财务是将人工智能、区块链、云计算、大数据等数字技术融入财务工作中，以供财务人员使用，通过技术的进步进行更好的财务活动。相比于传统会计，技术应用观是将智能会计界定为使用工具的不同。因为所使用的工具技术先进和发达，所以产生了智能会计。技术的进步会加快财务流程的传递效率，通过数据之间的关联性和独特性找出其中蕴含的经济规律，更好地进行有针对性的分析，这无形中减轻了工作量，提高了业务运行效率。

（二）管理决策观

管理决策观认为，智能财务是一种新型财务管理模式，通过与人进行有机协作，以构建一种全过程、全方位、全功能的智能管理新模式。管理决策观最终落脚于决策，决策能力的提升是智能财务带来的最大优势。智能财务带来的共享模式，可以有效保障各流程间的相互协调，实现实时监督，提供财务预警和决策建议。财务工作的本质是要帮助管理人员进行决策，这一点是不能脱离的，无论智能财务多么发达，仍然要将决策作为最终着眼点。

（三）交叉融合观

交叉融合观可以看作前两种观点的结合，认为智能财务是将智能化的数字技术与现有的会计学科理论知识相结合，形成一类崭新的知识体系。财务智能体系的应用并不是简单地替代人类，而是使财务人员接收到更有效的互动，实现更好的人机协作。同时，数字技术可以起到模拟的作用，利用已存在的信息模仿出未来的状况，这不仅能为管理者提供重要的参考价值，帮助他们进行预测，还可以便捷化地自动生成会计报表和会计账簿，极大地抑制了人主观上财务造假的可能，更具有客观真实的特点，同时也节省了大量的人力、物力等。可见，此种观点认为，智能财务是一种双向协作、双向制约的过程，技术与决策二者都必不可少，从而产生了综合完整的新知识系统。

综上所述，几种观点各有特点。技术应用观认为只要运用数字技术便可提高效率，具有一定的道理，但没有强调智能化对学习能力、决策能力等带来的影响。随着时代的不断进步，技术也在不断进步，若仅依靠运用先进技术便可称为智能财务，则会对智能财务的界定越来越模糊。管理决策观认为只要会对财务决策产生帮助，便会具备传统财务没有的决策优势，却忽略了智能财务的使用技术。技术使用不当不一定会产生有利的决策，还可能会误导决策人员，进一步会影响整个财务工作的可靠性。相比之下，交叉融合观对智能财务进行了比较完整的定义，它强调人与技术深度融合，人使用先进技术，技术帮助人进行决策，二者达到一种平衡状态，相互协作，共同进步。

三、智能财务在企业中的应用

（一）智能财务在企业中的应用现状

随着信息技术和互联网经济的快速发展，越来越多的传统企业开始向数字化、智能化方向转变。其中，智能财务作为一种新兴的管理模式，逐渐被众多企业所接受并加以实践运用。目前，国内外许多知名企业都正在进行或已经完成智能财务建设工作，如 IBM、SAP 等跨国公司以及平安、华为等国内大型企业，通过引入先进的人工智能、大数据、云计算等技术手段，不断优化升级自身的财务系统，实现了财务业务流程自动化处理、风险管控能力提升、决策支持科学化水平提升等目标。

以 IBM 公司为例，其推出的"沃森"机器人不仅可以完成基本的会计核算工作，还可以帮助企业分析客户需求、制定经营战略、预测市场变化等。该公司利用机器学习算法对大量财务报表数据进行深度挖掘和分析，从而发现潜在商机、减少财务错误等。这种基于人工智能技术的智能财务解决方案，极大地提高了企业的效率和竞争力。总体来看，当前阶段智能财务在我国企业中得到广泛应用，并取得了一定的成效，但在实践过程中也存在一些问题亟待解决。一方面，部分企业过分追求智能化程度，导致成本增加、效益降低。另一方面，由于缺乏统一规划和标准化建设，不同企业之间的智能财务系统难以兼容、交互性差，严重制约了智能化进程的推进。因此，如何平衡智能化与人工干预的关系，加强标准规范体系建设，是未来智能财务领域需要重点研究和探索的课题。

（二）智能财务在企业中的应用问题

虽然目前很多企业都已经开始进行智能化建设，但在实践过程中还面临着一些困难和挑战，主要包括以下四个方面。一是对于智能财务技术的理解不够深入，许多管理者甚至认为智能财务只不过是一种新的工具而已，并没有真正认识到其重要性。二是缺乏相关专业人才支持，尤其是既懂得会计知识又熟悉信息技术的复合型人才更是少之又少。三是现有系统难以满足实际需求，有些企业花费大量资金购买了先进的设备和软件，却发现这些设备和软件并不能很好地与自身业务相结合，反而出现了"花大钱却收效甚微"的情况。四是数据安全风险较高。由于涉及公司核心商业机密，因此在使用智能财务时需要注意保护用户隐私以及防止信息泄露。

（三）智能财务应用问题及产生的原因

智能财务在企业应用中所存在的问题及其背后的根本原因，应从多个角度出发进行分析。具体包括以下三个方面：

一是缺乏统一规范的数据标准体系是导致上述问题产生的重要因素之一。由于不同系统之间的信息壁垒尚未打破，大量有价值的数据无法得到有效整合与利用，进而影响业务流程优化、数据分析等方面的工作开展。这就需要企业必须建立一套完整且可行的数据标准化管理机制，确保各个系统之间能够实现高效对接并形成合力，为企业决策提供更加精准可靠的支持。

二是技术水平限制是智能财务发展遇到的主要瓶颈之一。尽管目前市面上涌现出许多先进的人工智能算法和工具，但这些新技术往往需要依托特定的硬件设备或者软件平台才能发挥作用。而一些中小微企业受限于资金投入、人才储备等多种因素，很难引进足够的高端设备和专业人员进行智能财务系统的开发和维护，最终只能停留在观望状态。此外，还有部分企业过于注重技术创新而忽略了对现有互联网技术架构和基础设施的更新换代，这样不仅会增加企业的运营成本，还会降低整体的生产效率和服务质量。

三是安全风险是阻碍智能财务推广使用的一大难题。随着网络攻击手段的不断升级和黑客组织结构的日益复杂化，企业内部敏感信息泄露、被篡改等事件时有发生，给企业带来极大的经济损失和声誉损害。因此，企业在引入智能财务时务必要认真考虑其所涉及的各项安全措施是否完善，同时要加强员工培训，提升他们的安全防范能力，从根本上保障企业的信息安全。

四、智能财务在企业有效应用的策略

（一）明确智能财务目标，建设智财融合共享系统

智能化是数字化转型的核心，而智能财务则是实现数字化转型的重要手段。因此，对于企业而言，推进智能财务建设应当明确具体的应用目标：提升企业管理水平和效率、降低企业运营成本、提高企业经济效益。这三个方面既相互独立又相辅相成，共同构成了智能财务在企业中应用的整体框架。

第一，通过智能财务系统可以有效地提升企业管理水平和效率。传统的财务工作方式主要依靠人工操作完成，不仅费时费力，还容易出现错误或者漏洞，导致出现财务数据不准确、不及时等问题。而智能财务技术可以将财务人员从繁琐重复的日常核算工作中解放出来，更多地去关注业务分析与决策支持等工作，进一步提升企业内部管理效能。

第二，智能财务能够帮助企业降低运营成本。随着市场竞争日益激烈以及消费者需求的不断变化，企业需要更加高效地进行生产经营活动以保持市场地位并获得更高收益。而智能财务作为一种全新的财务管理模式，具有自动化、流程化、标准化等特点，可以大大减少人力投入，降低出错率，进而节约大量的时间和资源成本。

第三，智能财务有助于提高企业经济效益。一方面，智能财务可以帮助企业优化预算编制、控制费用支出、预测风险，使企业的各项决策更加科学合理，避免浪费和损失。另一方面，智能财务可以提供更为精准的数据分析结果，帮助企业制订更为精细的营销计划和投资方案，最大限度地发挥资金使用价值，促进企业营利能力的提升。

（二）遵循智能财务原则，实现智财融合管理预测

智能化是未来发展趋势，因此企业需要遵循以下三个方面的应用原则：第一，以业务为中心。智能财务应该紧密围绕企业的核心业务开展工作，充分发挥其预测、决策和控制等功能，帮助企业实现经营目标。第二，数据共享共建。建立完善的信息系统平台，确保各个部门之间的数据能够相互流通与共享，避免重复建设造成资源浪费。第三，风险可控。智能财务

系统要具备一定的安全性和稳定性，保证当财务管理过程中出现错误时可以快速发现并及时处理。第四，技术持续更新换代。随着科技的不断进步，智能财务也需要不断地更新升级，保持技术上的先进性。

（三）创新智能财务思路，转变智财融合发展模式

智能财务是基于信息技术和管理会计理论发展而来的，它将人工智能、云计算等新兴技术与传统财务工作相结合。因此，为更好地发挥智能财务的作用，需要明确其应用思路。具体来说，智能财务在企业中的应用思路包括以下四个方面：

第一，建立完善的数据治理体系。数据治理是保证数据质量和安全的重要前提，也是实现智能化决策的基础。通过对业务流程的全面梳理和分析，找出存在的问题并制定相应的解决方案，从而构建起完整、规范、准确的数据资产目录，为后续数据分析提供可靠的数据支持。同时，还应加强数据标准化建设，确保不同系统之间的数据口径一致，避免因数据不一致导致的重复劳动和错误。

第二，优化、升级现有的财务软件和平台。目前，市场上已经有很多成熟的财务软件和平台可供选择，这些平台具有稳定性高、功能完备等优点，但随着企业规模不断扩大以及内外部环境变化，一些老旧的财务软件和平台可能无法满足新时代的需求。因此，企业需要根据自身实际情况，及时更新换代或者自主研发适合自己的财务软件和平台，以提高数据处理的效率和精度。

第三，积极推进业财融合。智能财务不仅是一种工具，还是一种理念和文化。要想真正发挥智能财务的优势，就必须打破部门壁垒，推动各部门之间的协作和沟通，形成全价值链的管控模式。例如，可以利用大数据技术深入挖掘客户需求，帮助销售人员开展精准营销；可以借助区块链技术实现供应商和企业之间的信任传递，降低交易成本等。只有这样才能够让智能财务融入企业经营活动的各个环节，切实提升企业的核心竞争力。

第四，注重人才培养和引进。智能财务作为一项新兴技术，其实现离不开专业人才的支撑。一方面，企业需要重视人才培养和引进工作，打造一支具备先进思想和技能的团队。另一方面，可以通过内部培训、外部招聘等方式提高员工的综合素质和专业能力。

（四）优化智能财务方案，加强智财融合创新管理

智能化技术是实现智能财务管理的核心，要想真正发挥作用就需要对其实际应用进行深入研究。从目前来看，智能财务主要有以下五种具体应用方式：第一，自动化处理模式。该模式可以通过计算机程序完成大部分基础性、重复性工作，如会计核算、报表编制等。第二，数据分析模式。这种模式通常会运用一些先进的算法和模型，以挖掘数据背后隐藏的信息为目的，帮助企业做出更加准确的决策。第三，实时监控模式。该模式可以利用物联网、云计算等技术手段，对企业内部各项业务活动进行实时监测与分析，及时发现问题并采取相应措施。第四，风险预警模式。该模式旨在通过大数据分析和预测功能，提前识别潜在风险因素，进而制定有效的应对方案，保障企业财产安全。第五，资源优化配置模式。该模式可以借助人工智能技术，对企业内外部各类资源进行高效整合与分配，最大限度地提高企业资源利用效率，降低成本支出。以上这些应用方式各有所长，但都离不开现代科技的支持，因此企业应当加强相关领域人才的培养，提升自身科研水平，不断推进智能财务建设进程。

五、智能财务的风险防控

在数字技术给财务发展带来巨大收益的同时，智能化也提高了财务风险，许多企业出现"资不抵债"的情况，因此在新背景下如何有效做好风险防控是一个值得研究的问题。

（一）建立健全财务制度体系，防止基础设施出现漏洞

政府要从完善制度建设的角度出发，保障宏观环境稳定运行，为企业内部运营创造良好的外部条件，确保内部智能财务监督预警系统发挥正常功效，从而在宏观上抑制违规风险的影响。

（二）注重财务人员的自由、全面发展

数字技术的应用极大地提高了会计工作效率，但随之而来的问题是，无纸化、复杂化的操作流程会让舞弊行为更加难以察觉。财务人员的培养不应仅关注专业技能，还要注重个性、道德等各方面的综合发展，以提升财务人员抵制诱惑的能力。同时，时代的快速发展会让老一辈的财务人员难以适应，可能会面临失业的风险，企业应考虑到这一点，做到人员招聘

年龄适中，防止财务人员转型慢导致的经营困境。

（三）加大生产研发能力，重视技术创新

要加大数据的挖掘与分析能力，通过研发提高财务风险分析和判断的准确性，实现更好地预测未来，从源头上降低财务风险的威胁。

（四）强化监管体系的作用，真正实现监督的效果

外部监督和内部监督两者缺一不可，各种利益相关者共同参与、共同努力，实现多主体治理。同时，建立激励和业绩评价标准，辅助监督体系的实施，从而降低企业的经营风险，促进企业战略目标的实现。

综上，数字化是生产力高度发达的产物，智能财务是企业在财务领域劳动的新形式，企业财务转型是一项复杂且庞大的工程。本节对智能财务的界定、应用和风险防控进行了分析，对未来的智能化转型具有借鉴意义，对推动企业的高质量发展具有重要的参考价值。希望企业能够在智能财务领域不断探索、不断进步，为推动整个行业的数字化转型提供动力，为整个社会的智能化建设保驾护航。

第三节　财务共享中心

随着全球经济一体化和科技创新的发展，企业面临着日益激烈的市场竞争。为提升企业竞争力，优化财务管理，降低企业成本，越来越多的企业开始关注财务共享中心的建设。

一、财务共享中心的概念与特点

财务共享中心是指企业内部将多个业务单位的财务职能集中起来，统一进行管理、协调和服务的部门。通过财务共享中心，企业可以实现财务管理的集中化、标准化和自动化，以提高管理效率，降低运营成本，并实现财务业务的持续优化。

财务共享中心将企业内部的财务职能集中管理，消除了业务部门间的重复劳动，能够提高企业资源的利用效率。集中化管理有利于企业实现财务流程的优化和整合，减少部门间的协调成本，同时也便于企业层面对财务

管理进行统一监督和控制。财务共享中心采用统一的财务管理流程和标准，能够保证企业内部各个业务部门的财务数据具有一致性和可比性。标准化流程可以提高财务处理效率，降低出错率，同时也有利于企业制定统一的财务政策和规定，实现财务管理的高效运作。此外，财务共享中心通过对企业内部各业务部门的财务数据进行整合，形成统一的财务报表和分析报告，为企业决策提供有力支持。数据整合有利于企业对财务状况进行全面、准确的把握，实现对财务风险的有效识别和控制。通过财务共享中心，企业可以实现财务人力资源的优化配置。财务共享中心可以集中处理企业内部的财务业务，减少人力资源的浪费，同时也有利于企业将财务人员从繁琐的财务事务中解放出来，使其更加专注于企业战略实现和价值创造。

二、财务共享中心信息化建设的优势

（一）有效降低企业运营成本

财务共享中心的信息化建设在很大程度上有利于降低企业运营成本。首先，通过集中管理和优化财务业务流程，财务共享中心可以减少重复性工作和人力资源浪费。实施信息化建设后，财务共享中心可以利用自动化工具和技术实现财务业务的标准化与规范化，进一步提高办公效率，从而降低人力成本。其次，财务共享中心信息化建设可以节约企业的硬件、软件的投入及其维护成本。通过云计算等技术，企业能够实现对财务应用系统和硬件资源的统一管理与部署，降低企业在硬件、软件及其维护方面的投入。此外，通过与外部供应商合作，企业可以灵活选择合适的信息化解决方案，进一步降低运营成本。最后，财务共享中心的信息化建设有利于减少企业在财务审计和风险管理方面的成本。通过实施信息化建设，企业能够实现财务数据的实时监控和分析，及时发现潜在风险，提高财务审计效率，降低企业因财务风险导致的损失。

（二）提升企业的财务管理水平及效率

财务共享中心的信息化建设对于提升企业的财务管理水平及效率具有重要意义。首先，信息化建设有利于企业实现财务数据的集中管理和高效处理。财务共享中心可以通过构建统一的财务数据平台，实现对企业内部各部门财务数据的集中采集、存储和处理，提高数据处理效率，为企业决策层提供更加准确和实时的财务信息。其次，财务共享中心信息化建设有利于提升企业财务分析和预测能力。通过引入大数据、人工智能等先进技术，企业可以对财务数据进行深入挖掘和分析，实现对财务状况的全面了解，为企业提供更有针对性的决策支持。此外，通过利用数据挖掘和预测分析技术，企业还能够提前发现潜在的财务风险，从而采取相应的措施进行规避。最后，财务共享中心信息化建设有利于提高企业内部财务管理流程的效率。通过引入机器人流程自动化（Robotic Process Automation，RPA）技术和财务管理软件，企业可以实现财务流程的自动化与标准化，降低人为差错的发生概率，提高财务业务的处理速度。

（三）支持集团的发展战略

财务共享中心信息化建设对于支持集团的发展战略具有至关重要的作用。首先，在实现业财集中管理和优化的基础上，财务共享中心信息化建设有利于提高集团内部各部门之间的协同效率。企业可以实现财务数据的快速传递和共享，为集团内部各部门提供实时、准确的财务信息。其次，财务共享中心信息化建设能够为集团的跨区域、跨行业发展提供便利。通过云计算、大数据等先进技术的应用，企业可以快速适应不同区域、行业的财务管理需求，为集团的发展提供强大的支撑。同时，信息化建设也有利于集团对外部市场进行监控和分析，从而为集团的战略发展提供有价值的参考。最后，财务共享中心信息化建设可以提升集团整体财务管理水平。通过引入人工智能等先进技术，企业可以实现财务数据的深度挖掘与分析，为集团的战略发展提供更有针对性的建议。

（四）为外界提供商业化服务

财务共享中心信息化建设可以为外界提供商业化服务，为企业创造新的盈利来源。首先，在实现业财集中管理和优化的基础上，财务共享中心的信息化建设过程中，企业可以利用自身的专业优势，为外部客户提供财务咨询、审计、税务等服务。通过开展这些商业化服务，企业可以实现资源共享，提高资源利用率，为企业创造更多的经济效益。其次，财务共享中心可以通过信息化建设为外界提供软件开发和技术服务。在财务共享中心的信息化建设过程中，企业可以积累大量的技术经验和专业知识，并积极输出这些技术和知识，从而为外部客户提供定制化的财务软件开发、系统集成等服务。最后，财务共享中心信息化建设可以为外部客户提供财务管理、信息化建设等方面的培训服务，帮助外部客户提升财务管理水平和信息化建设能力。

三、财务共享中心信息化建设中存在的问题

在财务共享中心信息化建设的过程中，企业可能会面临一系列问题。

首先，企业在进行财务共享中心信息化建设时往往缺乏清晰的目标和规划，导致信息化建设成效不明显。

其次，技术选型和系统平台选择是信息化建设的关键环节，由于市场上的信息技术和系统平台种类繁多，企业需要根据自身需求和实际情况进行选择，而部分企业在技术选型和平台选择上缺乏经验，可能会导致选用的技术和平台不适合企业实际需求，从而影响信息化建设的效果。

再次，数据安全与合规性问题是财务共享中心信息化建设过程中不容忽视的问题。部分企业在数据安全方面缺乏有效的管理措施和应对策略，容易导致数据泄露、篡改等问题，给企业带来严重损失。

最后，信息化建设的成功实施需要财务人员具备一定的信息技术知识和操作能力，但一些企业在人员培训方面投入不足，导致财务人员对信息化系统的使用不熟练，影响信息化建设的效果。信息化建设涉及多个部门的协同合作，如果沟通不畅，可能会导致信息化建设过程中的问题得不到及时解决，最终影响建设进度。

四、加强财务共享中心信息化建设的策略

（一）制定明确的财务共享中心信息化建设目标

明确的目标有利于企业在财务共享中心信息化建设过程中保持清晰的方向，确保财务共享中心信息化建设能够按照预期目标进行。在制定信息化建设目标时，企业需要充分考虑自身的实际情况和需求，从提高财务管理效率、降低企业成本、提升企业竞争力等方面出发，明确信息化建设的具体目标。同时，企业还应制定详细的信息化建设规划，包括建设周期、投入资源、人员培训等内容，以确保信息化建设的顺利进行。

（二）结合企业现有信息系统进行软件开发

通过对现有信息系统的整合和优化，可以实现财务共享中心的高效运

作，提升财务管理水平和企业运营效率。企业应充分了解和掌握现有信息系统的功能、特点和不足，以便制订更加合理和实用的软件开发计划。在此基础上，企业可以根据财务共享中心的业务需求，对现有信息系统进行功能扩展和性能优化，使之更好地支持财务共享中心的各项业务。另外，企业还需要关注信息系统的可扩展性和可维护性。随着企业规模的扩大和业务需求的变化，财务共享中心的信息系统需要具备良好的可扩展性，以便快速适应新的业务需求。

（三）选择合适的技术与系统平台

企业在选择技术与系统平台时，需要充分考虑自身的业务需求、技术水平和预算等因素。

首先，企业应选择具有良好性能和稳定性的技术与系统平台。性能和稳定性是保证财务共享中心信息化建设顺利进行的基础。企业在选择技术与系统平台时，应充分了解市场上各类技术与系统平台的性能和稳定性，选择适合企业自身的技术与系统平台。

其次，企业需要关注技术与系统平台的兼容性。随着企业业务的发展，财务工作可能会涉及多种不同的财务系统和数据来源。因此，在选择技术与系统平台时，企业应选择具有良好兼容性的技术与系统平台，确保其能够适应自身业务发展的需求，实现不同系统之间的无缝衔接。

再次，企业应选择易于使用和维护的技术与系统平台。易用性和可维护性是企业在选择技术与系统平台时需要特别关注的方面。具体来说，企业应选择操作简便、易于上手的技术与系统平台，同时保证系统具有良好的可维护性，以降低财务人员的学习成本和维护成本。

最后，企业在选择技术与系统平台时应考虑成本与效益的平衡。在信息化建设过程中，企业需要投入大量的资金，因此在选择技术与系统平台时，应充分考虑成本与效益的关系。企业应评估引入不同技术与系统平台的性价比，选择既符合自身需求又具有较高性价比的技术与系统平台，实现财务共享中心信息化建设的最大化收益。

（四）确保数据安全与合规

首先，企业应制定完善的数据安全管理制度，明确数据安全的责任主体、管理流程和操作规范。企业还应定期对数据安全制度进行审查和更新，以应对不断变化的网络安全威胁。其次，企业应采用先进的安全技术和措施，如加密技术、访问控制和入侵检测等，以保护财务数据免遭未经授权访问、篡改和泄露的风险。此外，企业还应建立数据备份和恢复机制，确保在发生意外情况时能够迅速恢复数据。

在确保数据安全的同时，企业还需要关注合规性问题。企业应了解并遵循与财务共享中心信息化建设相关的法律法规、行业标准和政策要求，包括数据保护法、企业所在国家和地区的相关法律法规等。

（五）加强人员培训与沟通协作

在人员培训方面，企业应根据信息化建设的需求，设置实用性较强的课程，制订详细的培训计划，包括信息技术知识、操作技能、信息安全意识等方面的培训。此外，企业还应为财务人员提供实际操作和练习的机会，以提升他们在实际工作中运用信息技术的能力。在培训过程中，企业应关注员工的学习进度和反馈，及时调整培训的内容和方法，确保培训效果。

在沟通协作方面，财务共享中心信息化建设涉及多个部门和人员的密切合作，企业应建立有效的沟通机制，促进各部门和人员之间的信息交流与协同工作。此外，企业还应建立跨部门的项目组，由各部门的代表组成，共同推进信息化建设工作。项目组成员应定期召开会议，共享项目进展、交流经验和协调资源，确保财务共享中心信息化建设顺利进行。

在实践中，企业可以采用多种沟通工具和方法，如企业内部社交平台、邮件、电话会议和视频会议等，以提高沟通效率。同时，企业应鼓励员工勇于提出建议和意见，发挥他们在信息化建设中的积极作用。此外，企业还可以借鉴国内外先进企业的经验和做法，不断优化沟通协作机制，提高财务共享中心信息化建设的效果。

在信息化建设过程中，企业要关注人才引进与留任问题。财务共享中心信息化建设需要一定的技术人才来支持，企业应积极吸引和选拔具有信息技术背景的财务人才，并提供具有竞争力的待遇和发展空间，以留住人才。同时，企业还应注重内部人才的培养和选拔，为员工提供职业发展机会和晋升通道。

参 考 文 献

［1］ 胡云峰. 企业运营管理体系建设［M］. 武汉：华中科技大学出版社，2023.

［2］ 郜军. 运营管理［M］. 北京：电子工业出版社，2023.

［3］ 刘凤瑜. 人力资源服务与数字化转型［M］. 北京：人民邮电出版社，2023.

［4］ 许德松，邹俊. 企业数字化转型：新时代创新赋能［M］. 北京：清华大学出版社，2023.

［5］ 陈璐璐，郭震淳. 数字资产：企业数字化转型之道［M］. 北京：电子工业出版社，2023.

［6］ 翁仕增. 传统企业数字化转型［M］. 北京：经济管理出版社，2022.

［7］ 王永东，孙宗虎. 企业运营管理流程设计与工作标准［M］. 北京：人民邮电出版社，2022.

［8］ 沈庆琼，聂玉林，苏佳庆，等. 企业运营管理［M］. 北京：经济管理出版社，2020.

［9］ 彼得·德鲁克. 21 世纪的管理挑战［M］. 刘玉玲，译. 北京：机械工业出版社，2006.

［10］ 宁建新. 企业核心能力的构建与提升［M］. 北京：中国财富出版社，2002.

［11］ Allan Afuah. 互联网商务模式与战略［M］. 李明志，译. 北京：清华大学出版社，2002.

［12］ 罗杰·G. 施罗德. 运作管理［M］. 韩伯棠，译. 北京：北京大学出版社，2000.

［13］ 陈清华. 现代企业人力资源管理数字化转型研究［J］. 中小企业管理与科技，2022（21）：77-79.

［14］ 李淑钊. 企业人力资源管理数字化转型思考［J］. 合作经济与科技，2022（21）：122-123.

［15］ 任志刚. 企业人力资源管理数字化转型研究［J］. 全国流通经济，2022（28）：103-106.

［16］ 柯淑凤，刘堂琦．云时代企业人力资源管理数字化转型对策刍议［J］．中小企业管理与科技，2022（18）：54-56.

［17］ 刘巍．企业人力资源管理数字化转型的思考［J］．全国流通经济，2022（26）：71-74.

［18］ 孙猛．企业数字化转型的人力资源管理［J］．企业观察家，2022（9）：95-97.

［19］ 刘基．电梯企业人力资源管理数字化转型的路径和模式［J］．中国电梯，2022，33（14）：29-32.

［20］ 郑瑾．深挖数据要素价值推动国有企业人力资源管理数字化转型［J］．经贸实践，2022（7）：63-64.

［21］ 王碧波．国有企业人力资源管理数字化转型发展研究［J］．企业科技与发展，2022（7）：139-141.

［22］ 赵晓平．财务共享服务中心的信息化建设探讨［J］．财会学习，2022（30）：11-13.

［23］ 刘平．财务信息化与财务共享中心交互式建设管理研究［J］．商讯，2022（5）：25-28.

［24］ 安琳，倪旎．财务共享中心信息化建设研究［J］．财经界，2021（30）：104-105.

［25］ 李彩霞．大智移云背景下企业财务共享服务中心建设及优化研究［J］．营销界，2021（37）：78-79.

［26］ 李娟．关于财务共享服务中心信息化建设的探讨［J］．财富生活，2020（2）：177-178.

［27］ 陈亚男．财务共享服务模式下企业财务数字化转型研究［J］．商场现代化，2022（12）：176-178.

［28］ 封伟毅．数字经济背景下制造业数字化转型路径与对策［J］．当代经济研究，2021（4）：105-112.

［29］ 杨宝宁．财务共享模式下企业财务数字化转型路径探析［J］．财会学习，2022（30）：50-52.

［30］ 李嘉茵．数字化转型视角下行政事业单位财务管理探讨［J］．行政事业资产与财务，2022（18）：90-92.